新时代党建小丛书

支部“三会”这样开

庞慧敏 主编
常媛媛 副主编
许晓云 编著

山西出版传媒集团 山西教育出版社

图书在版编目（CIP）数据

支部"三会"这样开 / 庞慧敏主编. — 太原：山西教育出版社，2022.7（2023.12 重印）
（新时代党建小丛书）
ISBN 978-7-5703-2582-5

Ⅰ. ①支… Ⅱ. ①庞… Ⅲ. ①中国共产党—党支部—工作—学习参考资料 Ⅳ. ①D267

中国版本图书馆 CIP 数据核字（2022）第 091447 号

支部"三会"这样开
ZHIBU "SANHUI" ZHEYANG KAI

责任编辑 郭志强
特邀编辑 张 田
复 审 刘晓露
终 审 李梦燕
装帧设计 宋 蓓
印装监制 蔡 洁

出版发行 山西出版传媒集团・山西教育出版社
（太原市水西门街馒头巷 7 号 电话：0351-4729801 邮编：030002）
印 装 山西新华印业有限公司
开 本 850 mm×1168 mm 1/32
印 张 8
字 数 140 千字
版 次 2022 年 7 月第 1 版 2023 年 12 月山西第 2 次印刷
书 号 ISBN 978-7-5703-2582-5
定 价 29.00 元

目录

绪论

历经百年岁月，中国共产党由建党时的50多名党员，已经发展成为今天拥有9500多万名党员、480多万个基层党组织的执政大党，未来也将会有更多的新鲜血液加入党的队伍，为党组织注入新鲜力量，提供前行动力，焕发出党组织的强大生机与活力。对于这样一个拥有庞大党员数量的执政党，必须严格党的组织生活，加强对党员的教育管理和监督，严肃党内政治生活，才能确保党的事业蓬勃发展。严格开展党内组织生活是我们党长期坚持的优良传统，对提高党员素质、加强党的建设、提升基层党组织战斗力具有重要作用。“三会一课”制度是党的组织生活的基本制度，既是党的基层支部长期坚持的重要制度，也是健全党的组织生活、严格党员管理、加强党员教育的重要制度，更是我党经过长期实践证明的一种行之有效的党组织生活制度。

中国共产党自诞生起便高度重视党内组织生活，

党的二大通过的第一部党章当中就对党小组、党支部、地方全体党员会议和全国代表大会召开的期限做出了具体规定，例如，各小组每星期由组长召集会议一次。此后，党的组织生活不断制度化、规范化、体系化。1982年，党的十二大通过的党章中规定，设立委员会的基层组织定期召开党员大会、总支部党员大会、支部党员大会，以及组织开展党内学习教育。党的十八大以来，在全面从严治党的新形势下，具有重大历史意义的《关于新形势下党内政治生活的若干准则》应运而生，将“三会一课”列为严格党的组织生活制度的重要事项，要求突出政治学习和教育，突出党性锻炼，强调要坚决防止表面化、形式化、娱乐化、庸俗化，坚持落实讲党课制度。习近平总书记多次对坚持“三会一课”制度做出明确要求，党的十九大报告中更是明确提出要坚持“三会一课”制度。

支部“三会”作为“三会一课”的重要内容，对于锤炼党员党性、提升党支部创造力、凝聚力和战斗力具有重要作用。开好支部“三会”，必须结合不同的会议主题，遵守制度要求，发挥支部书记带头作用，凝聚党员主体力量，注重总结落实，打造出真正有特色、有质量、有实效的支部会议。本书围绕支部“三会”的具体开展流程，聚焦会前程序规范、会中议题内容及形式、会后落实成果转化三个方面，广泛收集各行各业各基层党组织的特色案例进行分析总结，争取以知促行，为新时代如何开好支部“三会”提供实践参考。

第一节　支部“三会”的主要内容

“三会一课”是指定期召开支部党员大会、支部委员会、党小组会，按时上好党课，“三会一课”制度是加强党支部建设的基本制度。其中，支部“三会”是“三会一课”的重要内容，对于健全党内政治生活、提高党员素质具有重要意义。

一、支部党员大会

支部党员大会是支部的议事决策机构，凡属党内重要问题都应提交支部大会讨论。支部党员大会由党支部书记召集并主持，书记不能参加会议的，可以委托副书记或者委员召集并主持。会议议题由支部委员会根据上级党组织的指示和工作需要确定。会议内容由支部委员会在会前通知党员，一般要有本支部半数以上有表决权的党员参加方为有效。大会决议必须经应到会正式党员半数以上通过方能有效，决议由支部委员会负责检查落实。支部党员大会由支部组织委员负责会议记录，会议记录要认真保管，年终归档备查。根据会议内容的需要，支部党员大会有时可以吸收入党积极分子等列席。

支部党员大会是党支部全体党员参加的会议，是党支部的最高领导机关，在党支部中享有最高决策权、选举权和监督权。《中国共产党支部工作条例（试行）》（以下简称《条例》）第四章第十一条规定，党支部党员大会的职权是：1. 听取和审查党支部委员会的工作报告。2. 按照规定开展党支部选举工作，推荐出席上级党代表大会的代表候选人，选举出席上级党代表大会的代表。3. 讨论和表决接收预备党员和预备党员转正、延长预备期或者取消预备党员资格。4. 讨论决定对党员的表彰表扬、组织处置和纪律处分。5. 决定其他重要事项。

二、支部委员会

支部委员会是由支部党员大会选举产生的党的基层领导班子。支部委员会在支部党员大会闭会期间，负责领导和处理党支部的日常工作，主要职责是：1. 贯彻执行上级党组织的指示、决定和支部党员大会的决议。2. 做好发展党员工作，加强党员的教育、管理、监督和服务工作，搞好党支部的自身建设。

3. 处理支部的日常事务，按期向支部党员大会和上级党组织报告工作。4. 开展经常性的思想政治工作，关心群众的切身利益。5. 领导工会、共青团、妇委会等群团组织的工作，充分发挥其作用。6. 保证和监督行政工作的正确方向和任务的完成。

支部委员会对支部党员大会负责，对支部全体党员负责；同时，也向上级党组织负责，接受上级党组织领导。支部委员会会议每月召开一次，遇特殊情况及有必要时，支部书记可随时召集。支部委员会会议由支部书记主持，书记不在时由副书记主持，全体支部委员会成员参加，会议决定重要事项时，到会支部委员必须超过半数以上，如遇重大问题要做出决定，到会的委员不超过半数时，必须提交党员大会讨论。支部委员会会议形成的决议，应确定有关支部委员会成员负责检查落实，并向书记报告执行情况，必要时可以召开党支部委员会扩大会议，吸收党小组组长或其他党员列席，听取他们的意见。支部委员会应指定专人做好会议记录，记录内容包括：时间、地点、主持人、缺席人员名单、会议议题、会议决议等，会议记录由专人保管，归档审查。

三、党小组会

党小组会是党小组活动的主要形式，也是党员组织生活的一个重要组成部分。《条例》规定，党小组会一般每月召开一次，如支部有特殊任务，次数可增加，也可推迟召开。

根据党章和党内有关规定，结合基层党组织的实践经验，党小组会的基本内容主要有以下方面：1. 组织党员认真学习马克思列宁主义、毛泽东思想、邓小平理论、“三个代表”重要思想、科学发展观、习近平新时代中国特色社会主义思想，学习党的路线、方针、政策和决议，学习党的基本知识，学习科学、文化、法律和业务知识。2. 传达学习上级党组织的决议、决定和指示精神，研究贯彻执行党支部决议的具体措施，组织引导党员执行支部决议，并完成党支部布置的各项任务。3. 组织党员汇报交流思想、工作情况和完成党支部、党小组分配的任务情况。帮助党员发扬成绩，纠正错误，更好地发挥先锋模范作用。4. 认真开展批评与自我批评，普遍开展谈心活动，交流思想，沟通情况。5. 组织开展民主评议党员工作，评选优秀党员。讨论对入党积极分子的培养教育、发展党员以及预备党员转正问题。6. 讨论对违纪党员的纪律处分及对不合格党员的组织处置。教育引导党员严格遵守党的纪律和各项规定，模范遵守国家的法律法规。7. 研究分析群众的思想、工作和生活等方面的情况，及时向党支部反映群众意见和要求，维护群众的正当利益，密切同群众的联系。8. 按照党支部的安排部署，做好其他各项工作。

第二节　开展支部“三会”的作用

自20世纪50年代以来，“三会一课”制度经过不断发展与完善，已经成为党的一项重要组织生活制度。党的十八大以来，“三会一课”制度从内容到形式进一步丰富完善。党的十九大再次强调，“三会一课”作为党组织生活的基本形式，是党支部必须长期坚持的重要制度。支部“三会”作为“三会一课”的重要内容，它的有效开展，具有以下意义。

一、加强党员管理，提升战斗品质

办好中国的事情，关键在党，关键在党要管党、从严治党。对于一个拥有如此庞大基数的执政党来说，党员管理是党的建设的重要组成部分，是加强党的建设的基本途径之一，是实现党的政治路线的重要保证，是党员队伍建设的重要环节。加强党员管理，不仅需要用党章规定的党员标准规范党员的言行，使每个党员都能严格遵守党的纪律，而且需要坚持“三会一课”制度、坚持开好组织生活会、坚持民主评议党员制度、坚持党员党性定期分析、坚持党员定期向党组织汇报思想和工作等，其中，开展支部“三会”是加强党内外监督，严格党员管理，强化党员教育，锤炼党员党性，提升党员战斗品质的重要途径。

支部“三会”通过加强党内外监督，广泛征求群众意见，对照党员条件和群众意见进行深刻剖析，对优秀党员加以表扬，对不合格党员进行警告处分，在接受群众监督的过程中不断保持党员先进性和纯洁性。通过开展批评与自我批评，让会议充满“辣味儿”的同时又锤炼了党员的党性，促使党员在各时各地谨记自己的共产党员身份，在各项工作当中充分自觉发挥先锋模范作用。总之，只有将支部“三会”开好，将党员教育管理抓紧抓实，才能提升党员战斗品质，才能让党的肌体拥有更多“活力细胞”，才能真正建设好党员队伍。

二、推动从严治党，提高组织战斗力

基层是党的执政之基、力量之源，而党支部是党的基础组织，是党组织开展工作的基本单元，是党在社会基层组织中的战斗堡垒，是党的全部工作和战斗力的基础。只有建好建强基层党支部，让党员发挥应有作用，党的根基才能牢固，党才能有凝聚力和战斗力，才能真正筑牢党长期执政的根基。通过定期开展支部“三会”，突出问题导向，加强党内外监督，严肃党内政治生活，将全面从严治党落实到每一个党支部，使党员教育和党组织生活严起来，对于推动全面从严治党具有重要作用。

习近平总书记多次指出，加强党的建设，首要任务是加强思想政治建设，关键是教育管理好党员、干部。党支部通过定期组织开展支部“三会”，着力强化党支部的政治功能，在开展过程中利用多种形式传达学习党的理论和各项路线方针政策，组织开展专题教育，研讨上级文件精神，推动党内教育在基层当中落实到每一个党员，从集中性教育向经常性教育延伸，确保全体党员坚定马克思主义立场，始终在思想上政治上行动上同党中央保持高度一致，通过牢牢抓住党的思想建设这个基础性建设，以思想建设牵引带动党的各方面建设互为依托、协同推进，对于提高基层党组织战斗力具有重要作用。

三、发扬党内民主，强化组织活力

党内民主是指党员和党组织的意愿、主张的充分表达和积极性、创造性的充分发挥，主要包括民主选举、民主决策、民主管理、民主监督四大部分。发扬党内民主是民主集中制的表现形式之一，是党组织在长期的民主生活实践当中积累的宝贵经验，对于汇聚全党智慧、提高党的执政能力和水平具有重要作用。支部“三会”的开展，是确保党员主体地位、保障党员民主权利，进而发扬党内民主、强化组织活力的有效途径。

党的十八大以来，党中央采取一系列措施全面贯彻落实“三会一课”制度，着力发扬党内民主，强化党组织活力。首先，支部“三会”定期开展，对各项党内外事务实行党内民主决策，使党员的民主权利得以发挥作用。其次，党员在会议当中各抒己见、畅所欲言，调动自身积极性、创造性，充分发挥在党内生活中的主体作用，进一步提高对党内事务的参与度。最后，支部“三会”通过自下而上的方式充分发挥党员主人翁意识和党员主体作用，营造民主氛围，使党组织生活活起来。

第三节　支部“三会”开展中存在的问题

虽然支部“三会”对于基层党组织建设具有重大意义，但在当下，仍有不少基层党支部的会议开展存在一些问题，诸如无法保证支部“三会”的正常开展、次数不足、形式呆板、内容缺乏吸引力、开展效果差等，导致支部“三会”存在形式主义倾向，无法发挥其加强党员管理、推动全面从严治党、发扬党内民主的重要作用。

一、思想认识不足，会前准备不充分

从严治党，首先要从党内政治生活抓起。支部“三会”对于提升党员素质、强化党内外监督、密切联系群众等具有显著实效，但不少党支部领导干部及党员对于开展支部“三会”对于规范党内政治生活的重要作用缺乏足够的认识，认为支部会议就是走形式、走过场、浪费时间，是用来应付差事的，只需要开会有记录，能够应付上级检查就可以了。这些思想

上的认识不到位导致一些党支部并未准确执行“三会一课”制度，将支部“三会”的开展简单形式化，不能沉下心来为支部“三会”提升质量出谋划策。

有的党支部书记不仅不能发挥模范带头作用，反而对支部“三会”不重视、不监督、不参与，领导无担当，党员无作为，参会人员无法明确自身责任，落实自身职责。支部“三会”的正常开展需要保证每月的开会次数，需要根据上级党组织的指示和工作需要提前确定会议召开时间和议题，并发出开会通知确定出席人数。但在实际中，由于思想上的认识不充分，导致会议开展缺乏明确的分工，开展前的准备不够充分，程序不符合规范，导致会议所能发挥出的作用十分有限。

二、内容缺乏吸引力，形式缺乏创造力

在支部“三会”的具体开展中主要存在两方面的问题。一方面是不太贴合实际，内容缺乏吸引力。有的党支部在学习党的理论主张时，常常没有明确的内容安排，上级布置什么，就学什么，仅仅停留在读文件、念文件的层面，缺乏深入思考和相互讨论，未能营造浓厚的学习氛围，自然也达不成好的学习效果；有的党支部名曰开展监督与批评工作，要么是未成功拿起批评与自我批评的武器，批评不深刻、不具体、不联系实际，要么是未能密切联系群众，广泛征求群众意见；有的党支部仅仅将会议内容停留在党员教育和管理的层面，对本单位或本行业的关注度不够，未能结合本单位或本行业实际情况确定会议议题，自然无法调动党员的积极性来提升支部“三会”对于实际工作的促进作用；还有的党支部过分看重本单位行政工作，将支部“三会”变成行政工作部署大会，缺乏政治工作内容。

另一方面是会议形式趋于单一化，缺乏创造力。很多支部“三会”采取面对面的单向交流，往往都是支部书记带头宣讲文件，“我说你听”的陈旧灌输式会议理念无法激发党员的主体作用，开展形式单一死板，缺少互动性；一些党支部执行投票及换届选举等工作时，不采用相对公正的匿名投票，只采取简单的举手式，一味追求简单化，不符合支部“三会”会议规程；还有一些党支部在开展支部“三会”时，思想观念落后，形式呆板老旧，不善于使用群众喜闻乐见的开展方式。微信、“学习强国”等互联网媒体App既省时又高效，还能调动部分党员的参与积极性，但不少党支部都未能充分利用新媒体信息技术平台这些优势形式，一定程度上影响了支部“三会”的开展实效。

三、会议落实难度大，开展效果不佳

有的党支部由于会议开展次数不够，未能按期开展会议，未能遵守会议程序，内容缺乏吸引力，形式简单化，导致支部“三会”整体开展效果不佳，对于加强党员教育、增强党员思想觉悟、发挥党员先锋模范作用的效用不显著。很多支部“三会”开展实效只停留在会议开了、记录记了、能够应付检查这一层，关于会议上通过的具体决策落实与否难以考察。同时，由于缺乏严格的督查制度，对支部“三会”具体开展情况不调查、不记录、不考核、不奖评，以致开展支部“三会”时存在的这些问题不能得到及时纠正与解决。

“三会一课”是党的组织生活的基本制度，支部“三会”作为其中的重要内容，部分支部党员大会、支部委员会和党小组会缺乏活力、开展质量差，在“三会一课”制度落实过程中不能各司其职，发挥各自效用，长此以往难免不利于基层党支部建设、不利于提高党内政治生活质量。因此，对于支部“三会”开展落实过程中存在的问题亟待整改，以切实提高支部“三会”的开展质量及落实效果。

第一章

规范会议程序，织密支部“三会”纪律“网”

概　述

习近平总书记曾多次强调，党要管党，才能管好党；从严治党，才能治好党。2017年10月18日，习近平总书记在党的十九大报告中指出：“勇于自我革命，从严管党治党，是我们党最鲜明的品格。”对于坚持党要管党、从严治党来说，非常重要的一点就是完善机制，要建立健全严肃党内生活的制度机制。什么样的机制可以推动全面从严治党，保证党的团结统一，增强党的凝聚力和战斗力呢？坚持“三会一课”制度就是答案。“三会一课”是党员进行党性锤炼的平台，在推动全面从严治党中具有不可替代的重要作用，是党支部必须长期坚持的重要制度。

党要管党、从严治党作为我们党的优良传统和宝贵经验，将会得以长期坚持传承和发扬，而“三会一课”作为推动全面从严治党的一项重要制度，也需要在坚持中不断深化，在深化中不断坚持。习近平总书记对坚持“三会一课”制度，严肃党内政治生活，加强党内监督，提出了严格要求。他曾在河北省民主生活会上提出，“三会一课”制度要坚持，不仅要坚持，而且要全覆盖，概莫能外，不能搞特殊，中央的同志也要坚持。要把质量搞上去，不要流于形式。

在支部“三会”的坚持落实当中，最重要的是按照党章党规办事，严格遵守会议程序。党章规定：“企业、农村、机关、学校、科研院所、街道社区、社会组织、人民解放军连队和其他基层单位，凡是有正式党员三人以上的，都应当成立党的基层组织。党的基层组织，根据工作需要和党员人数，经上级党组织批准，分别设立党的基层委员会、总支部委员会、支部委员会。基层委员会由党员大会或代表大会选举产生，总支部委员会和支部委员会由党员大会选举产生，提出委员候选人要广泛征求党员和群众的意见。”“党支部是党的基础组织，担负直接教育党员、管理党员、监督党员和组织群众、宣传群众、凝聚群众、服务群众的职责。”“每个党员，不论职务高低，都必须编入党的一个支部、小组或其他特定组织，参加党的组织生活，接受党内外群众的监督。党员领导干部还必须参加党委、党组的民主生活会。不允许有任何不参加党的组织生活、不接受党内外群众监督的特殊党员。”落实好“三会一课”制度，严抓支部“三会”的开展，离不开对于制度规定的有效遵循。

第一节 严规矩，确保会议常态化

无规矩，自然不能成方圆。支部“三会”的开展与落实需要一套相对应的制度规范，按照规定来管人管事、对照做事，规范党组织领导干部及党员的行为。一旦缺乏这套严密的制度规范或者制度不够具体完善，都会直接导致纪律上的松懈，严重影响开会质量。2018年中共中央印发的《中国共产党支部工作条例（试行）》（以下简称《条例》）当中就对重视党支部、严抓党支部做出了具体要求，对新时代如何加强党支部标准化、规范化建设，不断提高党支部建设质量做出了全面而系统的规定，其中包括组织设置、基本任务、工作机制和组织生活等多个方面的内容。

《条例》以习近平新时代中国特色社会主义思想为指导，贯彻党章要求，既弘扬“支部建在连上”的光荣传统，又体现基层创造的新做法新经验，对党支部工作作出全面规范，是新时代党支部建设的基本遵循。《条例》的制定和实施，对于加强党的组织体系建设，推动全面从严治党向基层延伸，全面提升党支部组织力，强化党支部政治功能，巩固党长期执政的组织基础，具有十分重要的意义。支部“三会”的落实，最基本的就是要按照条例要求，严明会议开展规矩，确保会议的定期开展。

案例　山西省天镇县：多措并举推动会议常态化

（来源：山西组工网2018年4月26日）

山西省天镇县立足实际，为确保支部“三会”常态化开展而采取了多项措施：强化各党支部书记针对支部“三会”的第一负责人领导职权，要求党支部书记参加并领导会议内容，要求各党支部制订详细具体的学习计划，为支部“三会”的常态化开展提供了前提条件；明确规定各党支部“三会”的次数，并要求基层党支部针对“三会一课”健全考勤制度、会议记录制度等重要制度，为支部“三会”的常态化开展提供了制度保障；善于开创，在传统学习形式的基础上，发挥先进网络技术效用，依托互联网平台开展支部会议，既增强了对党员的吸引力，又提升了会议的实际成效；注重监督考察工作，既严抓各党支部书记是否负责履职，又成立督察小组，确保各支部会议的常态化开展落实到位。

山西省天镇县通过严明规矩，制定明确的制度规范，促进了基层党支部“三会”的常态化开展。各党支部必须严格遵守党章党规，根据《中国共产党支部工作条例（试行）》当中规定的支部党员大会、支部委员会、党小组会相关要求召开会议，必须满足每季度召开一次支部党员大会、每月召开一次支部委员会和党小组会的最基本要求，为召开会议提供次数保障。此外，山西省天镇县还要求各基层党支部建立健全支部“三会”相关制度，譬如考勤制度、请销假制度、会议记录制度等，争取做到会议有考勤、事事有记录、问题有台账、工作有日记、外出有手续，让支部“三会”的开展有记录、有遵循、有考核、有规矩，以制度规范的形式确保了支部“三会”的常态化。

山西省天镇县通过强化领导，完善内容要求，促进了基层党支部“三会”的常态化开展。一方面，明确各党支部书记为落实支部“三会”开展的第一负责人，支部书记必须带头参加支部“三会”；另一方面，在保障支部“三会”开展次数的前提之下，研究制订全年的学习、工作、活动计划，罗列学习内容、突出学习重点、确定学习形式，在制订学习计划时充分考虑“两学一做”相关内容，以支部“三会”为基本形式扎实推进“两学一做”学习教育，争取保质保量完成全年学习内容。

案例启示

重视党内组织生活、定期召开支部会议，是我党长期坚持的重要制度要求，但伴随着党员数量的增加、基层党组织范围的扩大，如何在新形势下继承和发扬我党的光荣传统和优良作风，是各个基层党组织面临的现实问题。各基层党组织不仅要将“三会一课”制度内化于心，更重要的是要将其外化于行，按时定期开展支部“三会”是最基本的要求。只有保障了会议的常态化开展，才能激发基层党组织的凝聚力，发挥出支部“三会”的真正作用。

山西省天镇县针对支部“三会”所制定的举措，同样适用于其他基层党支部。要确保支部“三会”的定期开展、常态化开展，无外乎从这几方面着手。首先，要明确支部“三会”的第一负责人。会议开了没有、开得好不好都由支部书记全权负责，并将支部“三会”的开展效果列入支部书记的实绩考核细则当中。只有支部会议的“第一抓手”得到明确，才能真正做到权责明晰，让支部书记发挥出应有的领导作用。其次，要明确支部“三会”的制度与内容保障。所谓“有法可依，有法必依，执法必严”，各支部会议的开展次数、开展内容、开展要求都需要有明确的规定，考勤记录制度也需要不断健全。在系统而全面的制度规定之下，支部“三会”才能得到常态化开展。此外，要充分调动参会主体——党员的积极主动性。只有从会议的开展形式上着手采取创新举措，吸引党员注意力，让党员真正意识到支部“三会”的重要性，并由衷热爱参加支部“三会”，才能真正为支部“三会”的常态化开展提实效。最后，也是支部“三会”常态化开展最关键的一环，要对会议的开展落实情况进行督查考核，及时发现其中存在的问题并解决问题。总之，只有从主体、内容、形式、制度等多个角度提供保障，支部“三会”才能定期召开，真正实现常态化开展。

第二节 定标准，规范会议程序

高效的会议可以迅速传达上级政策内容、学习相关文件精神、有效解决工作当中的实际问题，因而，提升支部“三会”的开展实效对于党组织来说至关重要。在会议的开展过程中，会议程序向来是部署会议的重点。无论哪一场会议，都离不开对程序的精心策划安排，即离不开对会议主持人、参会人员、参会内容、参会时间、参会地点等多方面的协商与安排。只有真正规范了会议程序，在会前准备、会中控制、会后监督等方面下足了功夫，才能真正为会议开展做建设、提实效。以下为支部“三会”开展的基本程序要求。

第一，支部党员大会的基本程序。

1. 确定大会的召开时间和议题。党支部委员会根据上级党组织的指示和工作需要，确定支部党员大会召开的时间和主要议题。

2. 向上级党委报告和发出开会通知。党支部委员会将拟召开的支部党员大会的有关内容向上级党委汇报、沟通，取得同意后，将大会的日期、地点、内容提前通知党支部全体党员，并可根据大会内容安排入党积极分子参加，让大家在思想等方面有所准备。

3. 主持人报告党员出席情况，宣布开会。支部党员大会一般由党支部书记主持。首先要统计到会人数，向大会报告党员出席情况。一般内容的会议，到会有表决权的党员要超过应到会有表决权党员的半数，会议有效；选举内容的会议，到会有选举权的党员要超过应到会党员的4/5，会议有效。然后由主持人宣布本次大会的内容。主持人可代表党支部委员会就本次大会所要讨论决定的问题提出意见，作出必要的说明。

4. 党员讨论，进行表决。表决之前要安排充分的时间组织党员讨论，发表意见和建议。在多数党员意见比较集中的基础上，对所要决定的问题和作出的决议进行表决。表决结果的确认，应以超过应到会有表决权党员的半数为有效。对于经过充分讨论仍存在严重分歧的问题，在不影响工作的情况下，可暂缓表决，留待下次会议再议，必要时也可报请上级党组织裁决。

5. 向上级报告和材料归档。支部党员大会结束后，党支部委员会要及时向上级党委报告大会情况。需要上级审批的问题，上级批准后向党员公布。会议的记录、决议、表决结果等都要及时整理存档，以备查考。

6. 贯彻支部党员大会决议。支部党员大会作出决议后，党支部委员会要制定贯彻落实的行动方案和措施，明确分工，责任到人。对于支部党员大会的决议，每个党员（包括党支部委员）都必须坚决服从，不允许消极对待和进行非组织活动。有不同意见可以保留，在下次会上继续提出或向上级党组织反映，但行动上不得有任何反对。对因故没有参加会议的党员，党支部书记和委员负有传达任务。

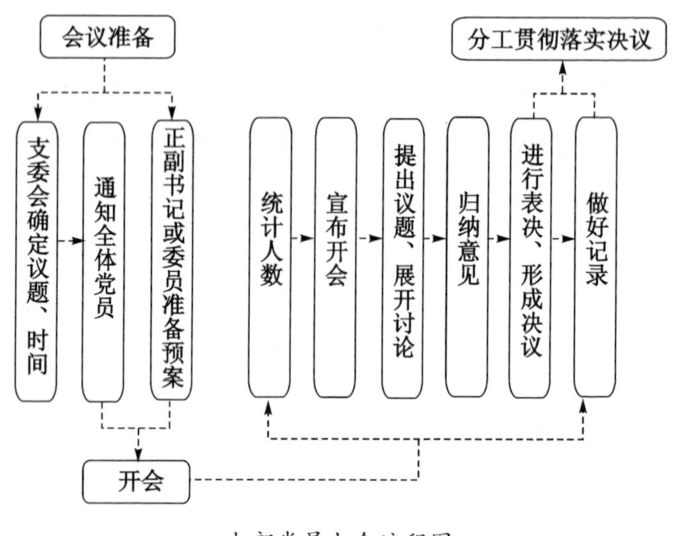

支部党员大会流程图

第二，支部委员会的一般程序。

1. 会前准备工作。（1）确定议题。党支部书记经过与委员沟通，确定会议议题。主要内容有：党支部工作总结和计划；支部委员会工作报告；加强党支部的政治、思想、组织、作风、纪律建设的问题；加强思想政治工作和精神文明建设的问题；其他应讨论决定的重要问题。（2）做好材料准备。根据选定的议题，做好有关材料的准备，提交支部委员会讨论和修改。（3）开会通知。支部书记要把会议时间、地点、议题、要求等提前1~3天通知各委员。

2. 会议主要议程。(1) 主持人宣布开会和会议的议题。(2) 充分发扬民主，对议题进行讨论。(3) 进行表决，按少数服从多数的原则，形成决议。对要做出决定的问题，如有较大意见分歧，除非急需决定的问题，不要匆忙做出表决，可暂时休会，进一步酝酿，下次开会继续讨论。如不能统一认识，可把两种意见同时报上级党组织或向支部党员大会报告，按上级党组织或支部党员大会的决定执行。(4) 做好记录，会议的时间、地点、参加人员、会议议程、委员发言摘要、做出的决议及表决情况等，都要完整准确、清晰地记录下来。

3. 会后应做事项。(1) 向上级党组织或支部党员大会报告。(2) 按支部委员会决议认真组织实施。

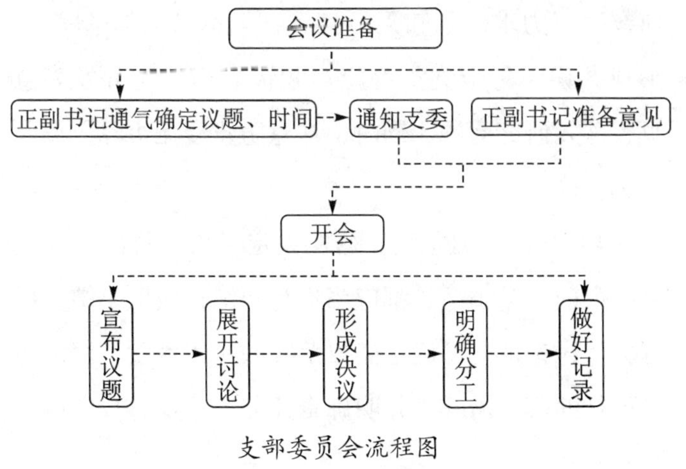

支部委员会流程图

第三，党小组会的基本程序。

1. 制订工作计划，合理安排时间。党小组会一般每月召开一次，如遇到特殊情况，可适当增减。年初，应当根据党支部工作安排，做好年度计划。执行过程中，可以根据实际情况做出相应的调整。

2. 确定会议内容，做好充分准备。每一次党小组开会前，党小组长都应当与党支部或有关支委研究确定党小组会的具体内容、开法以及应当注意的问题，做到心中有数，并将议题事先通知本小组的全体党员，便于大家做好准备。会议内容要集中，主题要突出，会议要重点解决一两个问题，切忌面面俱到。

3. 围绕会议中心议题，组织深入讨论。党小组长在会上应当围绕中心议题，引导党员充分讨论、畅所欲言，力求做到知无不言、言无不尽，集思广益、形成共识。每个党员都应当积极参与，充分发表意见，深入研究问题。同时，注意防止漫无边际，离题太远。

4. 进行归纳总结，落实议定事项。每次党小组会结束前，党小组长都应当进行归纳，做出小结。根据会议讨论情况，确定需要落实的具体事项，制定切实可行的落实措施，并明确责任分工，及时督促检查议定事项落实情况。

5. 做好会议记录，及时进行汇报。党小组长应及时将会议情况向党支部汇报，记录本要由党小组长负责保存。

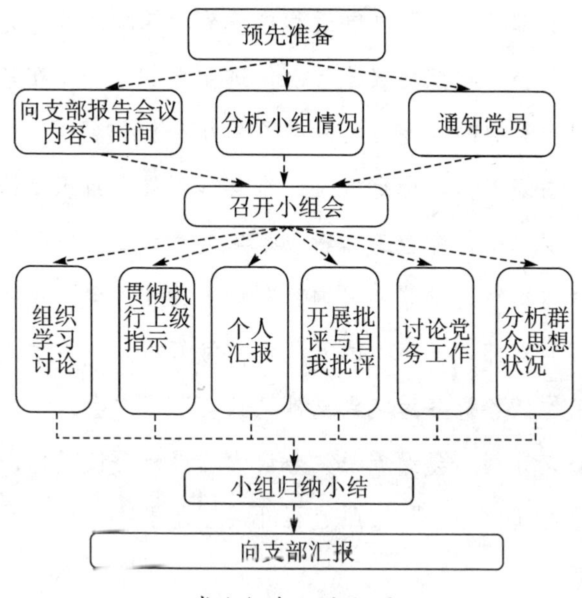

党小组会议流程图

案例 云南省彝良县："五定"工作法助推支部"三会"规范流程

（来源：云岭先锋网2017年8月9日，昭通新闻网2017年8月15日）

云南省彝良县创新工作机制、整改工作内容，有针对性地创造了围绕工作目标定方位、围绕工作重点定主题、围绕行业区别定内容、围绕问题焦点定整改、围绕考核结果定绩效的“五定”工作法，致力于解决支部“三会”开展过程中遇到的实际问题，为支部“三会”规范会议流程，促进支部“三会”在基层党组织当中的开展落实提供了有力范本。

围绕工作目标定方位。全县各基层党组织要结合上年度本单位综合工作量、本年度整体工作任务、会议总体次数要求等相关内容制订支部“三会”年度计划，为支部“三会”的开展提前做好规划，将本支部的工作任务拆分落实到支部“三会”当中去，预先制订会议计划、会议流程、会议内容以及会议目标，真正为支部“三会”按照流程开展厘清思路，提供具象标准。

围绕工作重点定主题。支部“三会”的会议内容不能够脱离本县、村（社区）的工作实际，要围绕本县、村（社区）本年度的重点工作制定支部“三会”学习规划，落实支部“三会”相关内容。云南省彝良县紧扣该年度重点工作，如脱贫攻坚、“四城同创”等相关项目要求开展支部“三会”活动，按照不同党支部的不同工作实际拟定支部“三会”具体会议流程。

围绕行业区别定内容。党政机关、事业单位、各类学校、科研院所、企业、农村、街道社区等不同基层党支部的“三会”学习规划一定是有所不同的。要在制定会议规划的同时充分考虑行业内部规律，充分考虑不同行业、不同地区、不同组织的不同因素，紧贴工作实际制定支部“三会”流程，才能提升支部“三会”实效。

围绕问题焦点定整改和围绕考核结果定绩效，则是分别指民主评议党员这一项具体会议议程和制定会议整改方案这一流程。针对党员问题要进行整改，弥补差距与不足，针对支部“三会”开展形式、开展效果，要进行奖惩或整改。

案例启示

云南省彝良县围绕工作目标、工作重点、工作问题制定多项细化措施，既为本支部“三会”开展立明规矩、明晰标准，也为其他党支部提供了思路和借鉴。总之，支部党员大会、支部委员会、党小组会的开展，既要在外在维度上遵循会议基本流程，又要在内在维度上精心设计会议议程。

1. 外在维度：遵循会议流程

在规范支部“三会”的会议程序过程中，首先要关注到外在维度，即对会议流程的基本遵循。全体党员同志及领导干部要依据《中国共产党支部工作条例（试行）》等规章制度行事，提前协商好会议相关事项，按照既定的会议流程开展会议内容。一般来说，支部党员大会、支部委员会、党小组会的开展应遵循以下流程：会前需要做好准备工作，确定好会议议题、时间、地点并提前通知党员；正式开会时须先统计实际到会人数并宣布开会，再围绕会议议题展开讨论，充分发扬民主意见后形成会议决议；会后须做好归纳总结、会议记录与决议贯彻工作，并及时向上级党组织汇报会议及落实情况。

云南省彝良县的“五定”工作法从不同的角度为严格贯彻执行支部“三会”流程保驾护航，结合不同单位的工作实际制订不同的年度会议计划，预先为会议流程做好规划，避免少开、漏开和低质开展，为各党支部开展支部“三会”提供了流程范本。

2. 内在维度：设计会议议程

在规范会议程序的实际操作当中，不仅要按照相关规定，严格遵守会议流程，同时也要进行具体的会议议程设计。会议议程是为使会议顺利召开所做的内容和程序工作，是会议需要遵循的程序，是整个会议议题活动顺序的总体安排，主要包括列入会议的各项议题和会议上议案讨论的程序。

会议的各项议题。党支部要在支部“三会”召开前确定会议议题。会议议题的确定有两方面的规划：一方面是围绕该年度本组织的重点工作任务，制订年度会议计划，将工作重点与会议议题规划结合起来，为支部“三会”内容提供可依照的大体框架；另一方面是支部“三会”开展前的具体议题罗列，一定要深入了解情况，密切结合本单位工作实际，广泛听取群众的意见，从学习党的相关政策理论、讨论上级文件精神、开展换届选举工作、吸收新党员、民主评议党员等内容范围内挑选主要议题。议题确定后，通常应由支部书记及时告知各位支部委员，以便大家提前准备。

会议议事程序。会议议题确定之后，在支部“三会”的开展中还应遵循基本的议事程序，落实会议内容。一是要在党员到场人数达到相应比例要求后，才能开展议事或其他程序，保障所有到会党员的权利，包括选举权、被选举权、投票权、发言权等；二是要在议事过程中充分发扬民主，支部书记要在会议上持民主作风，将主导权交给普通党员，引导普通党员针对议题发表意见、展开讨论；三是要遵守党的民主集中制原则，在议事过程中按照少数服从多数的原则，议事结果须超过实到人数半数以上才算有效通过。

第三节　保质量，健全考核机制

2014年10月，习近平总书记在党的群众路线教育实践活动总结大会上指出，要下大气力解决好影响严肃认真开展党内政治生活的各种问题，强调“党内政治生活和组织生活都要讲政治、讲原则、讲规矩，不能搞假大空，不能随意化、平淡化，更不能娱乐化、庸俗化。”尽管党章党规对党的组织生活做出了多项明确规定，但在具体执行和落实过程中，不少党支部仍存在一些问题，需要有一套健全的考核机制，结合各单位实际工作情况，对支部“三会”的开展进行考核，对存在的问题及时纠改，提升会议开展质量。

案例　江苏省苏州市双塔街道基层党组织：监督与评议帮扶不可忘

（来源：文化双塔微信公众号2016年9月12日）

严肃认真开展党的组织生活，是我们党的优良传统，是加强党员教育、严格党员管理、强化党内监督，促进基层党组织建设全面进步的重要举措。为持续推动苏州市姑苏区双塔街道基层党支部“三会”开展规范化、制度化、常态化，深入贯彻从严治党部署和习近平总书记系列讲话精神，结合“两学一做”学习教育，街道党工委制定了支部“三会”常态化管理规范。

第一，完善监督体系。双塔街道基层党组织完善支部“三会”监督体制，包括但不限于保障组织监督、强化群众监督、健全第三方机构监督。

保障组织监督。组织监督又被称为党的监督，即党组织的监督，指中国共产党对国家行政机关及其工作人员的监督，包括中国共产党中央和各级党委的监督，党的各级纪律检查委员会的监督和党的基层组织的监督。组织监督是社会主义国家所特有的一种重要的监督形式。双塔街道基层党组织坚持党组织监督的主导地位，采取随机抽查、巡回检查、走访了解等方式，将监察督促日常化，对支部“三会”的开展情况考察常态化。在日常的监督考察当中，对支部“三会”开展次数不足、开展质量不佳、党员评价度低的党组织书记进行问责，实行一次查实通报批评、三次查实诫勉谈话、五次查实党组织书记予以免职的处理办法，将支部“三会”的开展情况纳入基层党建实绩考核以及党组织书记的基层党建工作述职评议考核。同时，利用双塔街道特色社会管理综合服务平台“子城在线”，将监督考察结果及时同步展示在“子城在线”App上，以督促党员自觉参加支部“三会”。

强化群众监督。群众监督是指来自人民群众的监督。双塔街道基层党组织建立了科学完善的群众监督体系，创新了群众监督的形式，在监督过程中通过多种途径加大了群众的话语权，畅通了群众监督渠道，充分调动了群众在监督过程中的参与热情，既让群众广泛参与监督与评议，又让支部“三会”的开展自觉接受群众的监督，这是密切联系群众、保守党的初心的有效体现。

健全第三方机构监督。第三方机构监督是指管理者与被管理者之外的一种监督制度，它可以不受管理者的约束去做出监督考核评估，是一种更为客观的社会监督，也更具备可信度与透明度。双塔街道党组织引入第三方机构监督机制，充分给予第三方机构监督空间，让第三方机构在支部“三会”监督与管理当中占据重要角色，既充分满足了社会群众对于公平正义的要求和愿望，也为支部“三会”的质量提升又添新途径。

第二，健全评议帮扶体系。双塔街道基层党组织通过完善预警制度、完善帮扶制度、完善处理制度三个维度健全评议帮扶体系，解决支部“三会”开展过程中可能存在的实际问题，确保支部“三会”的常态化召开。

双塔街道基层党组织完善预警制度，通过预先发布警告的方式力破支部“三会”召开前的不确定因素，在支部“三会”开展之前，就要对不按时参加支部“三会”、参加支部“三会”但会上表现不积极主动、思想上涣散无活力、不按时缴纳党费、不能够完成党组织交派任务以及有可能被评为不合格党员或接受处分的党员同志进行针对性谈话，及时与他们进行沟通交流，尽可能调整其思想状态。

对于党性不强、进行批评教育、限期改正处理的不合格党员，双塔街道基层党组织则通过完善帮扶制度，制订具体实在、有针对性的帮扶解决方案，尽可能促其改正。

针对支部“三会”的开展情况，双塔街道基层党组织也确立了完善的处理制度。针对无正常理由，连续6个月不参加支部“三会”的党员，按照党章规定，由支部大会决定除名并报上级党组织批准；对于支部“三会”开展情况连续考核排名落后的党组织，对相应党组织书记进行追责处理，并进行相对应的约谈帮扶，如若约谈帮扶之后，支部“三会”开展情况仍然得不到好转，党组织书记态度仍然不端正、不积极，滥用权力瞎指挥抑或是不思进取无所作为，则有必要进行组织调整。

案例启示

我国拥有500多万个基层党组织，面对不同基层党支部会议开展质量的参差不齐，建立起一套行之有效的考核机制刻不容缓。实践证明，支部“三会”的正常开展，离不开严肃的考核与监督，离不开评议与整改的落实。

1. 严肃考核与监督，力破会议召开不规范

要想使支部“会议”在党员教育、党组织管理方面发挥更大的价值，各基层党组织就必须主动执行考核督查机制。一方面，要建立与践行完善的考核机制。支部“三会”是基层党建工作中的重要组成部分，要将支部“三会”的开展与落实情况作为基层党建实际成效考核当中的一部分，将其同基层党建工作评议相挂钩。同时，会议的开展落实情况与党支部书记的意识和举措息息相关，因而也要将支部“三会”的开展与落实情况同党支部书记的绩效考核联系起来。此外，要为支部“三会”的开展质量提供一套明晰的价值标准和衡量体系，判断会议开得好与不好、有没有实际效用，要将考核情况及时公示，有表扬更要有批评，真正让群众看得到、感受得到。通过完善

和践行考核机制，令党支部书记和全体党员真正意识到支部“三会”的重要性，进而促使支部“三会”开展质量的不断提升。

另一方面，要建立与践行完善的监督体制。坚持党内监督和人民群众监督相结合是中国共产党加强自身建设和管党治党的一条基本经验。其中，党内监督是净化党内政治生态、落实全面从严治党、推动国家治理体系现代化的重要途径，群众监督是人民群众对国家行政机关及其工作人员的工作所进行的监督，是最广泛、最直接、最有效的监督。这两种监督方式对于支部“三会”的开展与落实来说意义非凡，可以通过上级随机抽查支部“三会”会议记录本、走访调查党员会议开展效果、群众切实参与审查支部“三会”会议内容等方式强化党内监督和群众监督，也可以借鉴双塔街道基层党组织的经验健全第三方机构监督，切实保障监督的透明与公正，增强监督结果的可信度。通过完善监督体制，有利于及时剔除与整改支部“三会”开展中不符合程序规定的部分，及时发现不足之处并进一步进行评议与整改。

2. 落实评议与整改，着力提升会议质量

评议工作是依法行使监督职权，推进民主政治建设的重要举措。支部“三会”的评议工作开展，需要扎实抓好评议的每个环节，要坚持党的领导，按照党章党规办事，坚持实事求是原则，采取实地走访、明访暗访等多种调查手法，充分考虑群众意见与呼声，不能使评议工作流于形式。通过评议工作，能够密切联系群众，拉近群众与党员、党组织之间的关系；通过评议工作，能够使被评议的对象，即支部“三会”的参与人员及负责人——党员或党组织领导干部及时意识到自身问题，调动自身参与党组织活动的积极性，提升自身素质，加强自身建设；通过评议工作，能够推动党务公开进程，将支部“三会”开展过程中需要解决的问题和支部“三会”开展优秀范例公之于众，有利于各党支部之间相互警惕或借鉴，取长补短，进而推动支部“三会”的监督与整改，提升支部“三会”开展质量。

在支部“三会”的问题整改方面，不仅要从严从紧，更要抓小抓细，不能错过任何一个小问题。以小可见大，小问题背后折射出的是不容忽视的组织纪律问题，要善于从小问题切入抓细抓实，制订整改计划。此外，具体问题具体分析也是一大整改法则。党组织要对症下药进行整改，对于党员不参加会议或组织活动、参会态度不认真的，要进行谈话交流，揪出问题原因并令其整改，如若拒不改正，党组织有权对其进行处分；对于支部“三会”开展质量不佳的党支部书记要进行追责，探究其背后的原因并着力进行整改，被追责后不改者可进行组织调整。

小 结

本章主要聚焦支部“三会”程序规范，从确保会议召开、规范会议流程、健全考核机制三个层面展开，围绕会议是否按照制度召开、会议的开展是否符合程序规范、会议质量是否得到监督考核的问题，对支部“三会”开展进行了系统性的阐述。只有规范会议程序，才能为支部“三会”的顺利开展奠定基础。在会议召开常态化方面，要注意调动主体的能动性。在会议开展之前，让党支部书记及全体党员充分认识到会议的重要性，在支部书记的带头下，争取全体党支部成员落实党章党规中有关会议定期召开的制度要求，确保全体党员出席支部“三会”，参与党组织生活，增强党组织凝聚力；在会议流程方面，要切实遵守《中国共产党支部工作条例（试行）》，在保证不违纪、无乱象的基础之上，争取做到主导性和互动性相统一、政治性与学理性相统一、教育性与趣味性相统一，在形式上多做创新，在内容上多做拓展；在监督与考察方面，要有一套明确的制度规范。各基层党组织要通过多种途径严肃考核与监督，关注评议结果，向优秀党支部进行学习借鉴，针对支部“三会”开展中存在的问题及时整改。

在现实生活中，即便党章中对支部会议有着明确的制度规定，但支部“三会”的开展还存在很多不规范现象。本章分析不同基层党支部开展支部“三会”的优秀案例，试图从中找出应对措施。通过归纳以上案例，我们不难发现支部“三会”想要严格规范会议程序，织密支部“三会”纪律“网”需要做到以下几点：一是要提升思想认识程度。只有在思想上重视，才能具体落实相关制度规定。党支部书记要认识到支部“三会”在党支部建设当中的重要作用，党员要认识到支部“三会”对于加强党员教育、提升党员自身素质的重要意义，不能在思想上怠慢支部“三会”。

二是要严格遵守支部会议相关的制度规定。无论是支部“三会”的开展次数、开展流程、开展内容，甚至是会后的考评与整改，都要严格按照规定开展工作。要严格按照党章党规办事，不可一意孤行，按照某支部领导个人意愿行事。三是在遵守会议规范的基础之上，要有内容和形式上的创新。要跟上时代变化，创新思想理念，打破常规，改造呆板的会议内容和单一的会议形式，争取做到实效性与趣味性相统一，调动和激发党员的参与性和热情，也为其他党支部的会议开展打造新思路，创造新经验。

第二章

优化党员队伍，凝聚党支部战斗力

概　述

2020年6月29日，中共中央政治局举行主题为“深入学习领会和贯彻落实新时代党的组织路线”的第二十一次集体学习，习近平总书记强调，要抓好执政骨干队伍和人才队伍建设。新时代党的组织路线提出坚持德才兼备、以德为先、任人唯贤的方针，就是强调选干部、用人才既要重品德，也不能忽视才干。要把提高治理能力作为新时代干部队伍建设的重大任务，通过加强思想淬炼、政治历练、实践锻炼、专业训练，推动广大干部严格按照制度履行职责、行使权力、开展工作。各级党组织要严格把好政治关、廉洁关，严把素质能力关，及时把那些愿干事、真干事、干成事的干部发现出来、任用起来。要加强干部教育培训，使广大干部政治素养、理论水平、专业能力、实践本领跟上时代发展步伐。要深化干部制度改革，完善管思想、管工作、管作风、管纪律的从严管理机制，推动形成能者上、优者奖、庸者下、劣者汰的正确导向。换届选举工作是为党组织选拔优秀年轻干部的重要途径，能够将那些具有真才实学、愿意为群众办实事的干部提拔起来，提高党员干部质量。某种程度上讲，抓好换届选举工作，便是抓好干部队伍建设。

2013年6月28日，习近平总书记在全国组织工作会议上发表讲话，提道："党员是党的肌体的细胞。党的先进性和纯洁性要靠千千万万党员的先进性和纯洁性来体现，党的执政使命要靠千千万万党员卓有成效的工作来完成，党要管党、从严治党必须落实到党员队伍的管理中去。党组织要严格把关，把政治标准放在首位，确保政治合格。要重视从青年工人、农民、知识分子中发展党员。要严格党员日常教育和管理，使广大党员平常时候看得出来、关键时刻站得出来、危急关头豁得出来，充分发挥先锋模范作用。"马克思主义政党的力量和作用，既取决于党员数量，更取决于党员质量，坚持党要管党、全面从严治党，需要把好发展党员入口关，保证新发展党员的质量。

事实上，换届选举工作和发展党员工作都是党的重要的基础工作。换届选举工作开展情况如何直接影响着党员干部业务能力和水平，发展党员工作开展情况直接影响着党员的质量。党员和党员干部的形象代表着党的形象，关系着党的民心向背，甚至影响着党的生死存亡。想要永葆党的先进性和纯洁性，就必须抓好党员队伍的优化与建设。

在全新的历史条件下，优化党员队伍，凝聚党支部战斗力，离不开对“三会一课”制度的坚持和完善，离不开支部党员大会、支部委员会和党小组会的开展与落实。支部“三会”既需要严格遵循党内章程，营造风清气正的换届环境，选拔出让党组织放心、令群众信任的、实力强的优秀人才，又要做好发展党员工作，为党组织输入源源不断的新鲜血液，永葆党的生机与活力。

第一节　进行换届选举，遵循党内规定

换届选举指某组织依照民主程序和自身章程，更

新领导层的组织行为，是上一届选举的该组织领导人员、组成人员的任期已经届满，依法选举新一届领导人员的规程。各个组织对于本组织换届选举都有详细的规程，在我国主要换届选举有党组织、人民代表大会、团组织、基层群众自治组织等的换届选举。党组织换届选举工作是党内政治生活的重要内容，也是加强党的政治建设、党内民主建设的重要途径。按期进行换届选举工作有利于贯彻民主集中制原则，充分发扬党内民主，保障党员的民主权利，活跃党内民主生活。党的十八大以来，以习近平同志为核心的党中央高度重视基层党组织选举工作，对坚持和加强党的全面领导，贯彻执行民主集中制、规范完善党内选举制度做出一系列重大部署。2020年7月，中共中央印发《中国共产党基层组织选举工作条例》，为基层组织换届选举工作的执行提供了根本遵循。支部“三会”的重要职能之一就是按照规定开展好党支部换届选举工作。

案例一 山西省长治市：圆满完成村（社区）“两委”换届选举工作

（来源：共产党员网2021年11月1日）

2021年以来，长治市认真贯彻落实山西省村（社区）“两委”换届工作会议精神，紧跟党中央及省委安排部署，统筹协调、依法依规、严明纪律、精心组织、加强督导，截至2021年10月26日，全市2202个村（社区）圆满完成党组织换届选举。换届后，村（社区）党组织书记45岁以下年龄占比以及高中（中专）及以上学历占比较上届有明显提升，换届成效明显。

1.“三个到位”落实安排部署

组织领导到位，村（社区）“两委”换届工作要严格落实领导工作责任，长治市委负领导责任，县区党委履行直接责任，乡镇（街道）党（工）委担负具体责任，形成了以上带下，一级带一级的责任链条；动员部署到位，长治市根据上级文件，及时全面部署换届工作，成立由相关部门人员组成的“两委”换届工作领导小组，推动换届选举工作开展；业务培训到位，长治市编印《换届工作资料汇编》《换届工作指导手册》及流程图、日程安排等材料，对换届工作人员进行换届业务培训。

2.“三个强化”助力工作推进

强化部门协作，长治市“两委”换届选举工作共成立5个专项小组，各小组之间相互配合、紧密联系，为下好全市换届这“一盘棋”而共同努力；强化宣传引导，通过各种宣传手段，诸如利用《长治日报》、“上党先锋号”等媒介平台，大力宣传换届相关内容，让党员同志了解环节政策、熟悉换届程序、正确行使民主权利；强化动态督导，通过例会指导、情况通报、问题反馈等多种方式切实解决换届选举工作当中遇到的实际问题，及时推广基层工作优秀范本。

3.“三个关口”严格换届程序

严把人选条件关，长治市通过本土选、从外引、上级派等多种方式，选取真正优秀的人才进入村（社区）“两委”班子，其中有不少是本村致富能手、外出务工经商返乡人员、退役军人以及乡村医生、教师；严把资格审查关，对照“15不能”负面清单，严格落实任职资格县级联审制度，对候选人名单进行资格审查，严防不符合条件的人员进入候选名单；严把换届程序关，各县区认真遵守换届程序，将换届工作及其关键环节件件落实到位。

4.“三个防范”紧抓隐患排查

严防换届纪律风险，严格贯彻落实《关于严肃换届纪律加强换届风气监督的通知》，遵循“十严禁”

要求，教育警示在先，严抓严打在后，以“零容忍”态度查处换届当中的违法乱纪行为；防范信访舆情风险，在换届工作进行当中设置舆情监测机制，营造了良好换届氛围，并对信访案件进行及时处理；防范疫情防控风险，结合当下疫情实际情况，避免人流拥堵，在换届选举工作开展之际时刻遵守疫情防控相关规定，筑牢疫情防线。

案例二　山西省灵石县：“四项举措”肃清“两委”换届选举风气

（来源：共产党员网2021年10月6日）

“两委”换届选举之际，山西省灵石县为提高党员思想认识，规范党员行为，确保“两委”换届选举工作稳步推进、圆满完成，特采取以典型案例警示干部、以教育培训规范行为、以体制机制强化监督、以谈话宣传凝聚共识“四项措施”肃清换届选举风气。

1. 以典型案例警示干部

为了保证换届选举期间的纪律，肃清党内政治风气，灵石县在支部会议上整理了多起换届选举期间发生的贪污腐败、违法乱纪典型案例，并从中挑选出最为典型的案例，组织相关工作人员及全体候选人进行观看，并对案件内容，包括事件原因、事件展开以及事件后果进行深刻剖析，以案教学，生动形象地教育党员严格遵守换届纪律，发挥典型案例的警示作用，让党员明晰违法乱纪需要承担的后果，令党员同志对法律存有敬畏之心，自觉维护换届选举纪律。

2. 以教育培训规范行为

以知促行，在支部会议上开展关于换届选举工作的相关培训是不可或缺的。只有真正了解有关换届选举工作的相关规定，明确其中相关程序规范，才能够规范换届选举流程，保证党员同志们遵守法律法规，保证政策执行及程序环节不出错。灵石县组织全体党员认真学习《中国共产党章程》《中国共产党支部工作条例（试行）》《中国共产党基层组织选举工作条例》等有关规定，学习领会《关于严肃换届纪律加强换届纪律风气监督的通知》《关于认真做好市县乡领导班子换届工作的通知》《关于认真做好全市村（社区）“两委”换届工作的安排意见》等工作要求，引导党员干部牢记“15不能”“十严禁”。

3. 以体制机制强化监督

为确保换届选举期间的秩序，灵石县严格落实举报制度，及时解决党员或群众反映的问题，对涉嫌拉票贿选的行为进行查处；全面贯彻《灵石县村（社区）“两委”换届工作“1+N”方案》，严格落实联查联办和快查快结机制，对违反组织人事纪律、拉票贿选、买官卖官、跑官要官等突出问题坚决予以惩罚。

4. 以谈话宣传凝聚共识

在支部党员大会进行选举前与候选人进行谈话谈心是十分必要的，需要通过谈话谈心工作与候选人进行沟通交流，了解其思想觉悟及政治素养，考察其是否具备候选能力，同时也要确保其对换届选举工作纪律及程序要求知情、熟悉。灵石县全面推行各乡镇（城区）党委与候选人选前谈话制度，谈话谈心人数达1006人；同时，进行宣传工作时，不仅仅通过多种媒介平台进行宣传，也结合线下方式，对重点村落、重点人群进行走访调查、实地宣传，走访户数2457户，走访人数4597人。

支部想要开展好换届选举工作，必须遵循党内制

度规定，符合相关条例程序规范，强化培训，注重监督指导，多措并举严明纪律，肃清换届选举风气，助推基层党组织形成良好政治生态。

1. 依法依规，严明纪律

换届选举工作必须贯彻落实相关法律要求。自新中国成立以来，我国分别于1953年与1979年颁布两部选举法，其中第二部选举法还经历了四次修改与一次补充，为换届选举工作提供了根本遵循。2020年6月29日，中共中央政治局会议审议批准《中国共产党基层组织选举工作条例》；2020年7月13日，中共中央印发该条例。该条例在民主性、科学性以及可操作性方面都有了更大的提升，规范了基层党组织换届选举的具体举措，保障了党章赋予党员的权利。支部在开展换届选举工作时，唯有遵循该条例规定，才能真正选出优秀的组织领导人员和组成人员，提高党内换届选举质量。

支部在开展换届选举工作过程中，要严明换届选举纪律，全程监督。2021年1月，为贯彻落实党中央关于严肃换届纪律的要求，保证换届工作顺利开展，营造风清气正的换届环境，中共中央纪委机关、中共中央组织部、国家监察委员会联合印发了《关于严肃换届纪律加强换届风气监督的通知》，明确要求严查结党营私、拉票贿选、买官卖官等十种行为。党支部在换届选举工作中，要严明换届纪律，坚决维护换届工作严肃性，对于换届选举工作中的任何违规违纪行为都不能轻易放过；要严抓严打，采取“零容忍”的政治态度，追究相关人员责任并给予处分，令其不想犯错不敢犯错；要坚持从严监督查处，始终保持严肃纪律的高压态势，加大监督与查处力度，既要督促该党支部对换届选举工作进行监督，也要发挥群众作用，扩大监督范围，畅通举报渠道，方便群众反映换届选举工作当中存在的问题；要压紧压实责任，加强对换届风气监督工作的组织领导，加大对党支部书记等第一负责人的教育培训，从上到下武装党支部党员思想；要把监督与查处落实到换届选举的每一步环节，在选举人员确定、选举准备、选民登记、推荐候选人、投票选举等各个环节进行重点监督，将公开性与透明性落实到最大化。

2. 加强教育与培训，选拔优秀人才

《关于严肃换届纪律加强换届风气监督的通知》中强调，要坚持教育在先、警示在先、预防在先。支部对于换届选举工作的功夫，要落在平时，实在平时，融会贯通至每一次的会议议题当中去。在支部日常“三会”的开展过程中，要注重对党员的教育和培养，用党的思想和主张武装共产党员的头脑，培育其党性原则，增强“四个意识”、坚定“四个自信”、做到“两个维护”；要广泛开展谈心谈话，抓小抓早，以点带面对换届选举工作重点环节中的重点岗位进行教育引导，培育他们的思想，提升他们的意识；要进行换届选举工作相关的业务培训，让党员对换届选举工作的原则和相关程序烂熟于心，更要抓好对换届选举相关纪律的培训，加强与巩固党员对于换届选举纪律的认识和理解；还要及时开展警示教育，通过在支部“三会”上播放换届选举违法乱纪相关纪录片，或是分享身边的违法乱纪案件，发挥警示作用，让党员深刻意识到遵纪守法的重要性，自觉遵纪守法。

支部要为换届选举选拔优秀人才。首先，要多吸收优秀成员，吸收热爱党组织、政治素养高、业务能力强的优秀人才充实中国共产党这个活力组织的新鲜血液，通过加强人才储备的方式为选拔优秀的组织领导人员和组成人员做准备；其次，要对加入党组织的党员进行教育与培训，增强其组织纪律，提高其综合素质，坚持德才兼备、以德为先，将政治素质作为党员干部第一位的素质，将政治把关作为选人用人第一位的任务；最后，要将选拔工作落在平时，注重考核党员在支部“三会”开展过程中的实际表现，观察党员是否在生活当中发挥先锋作用并具备奉献精神，通过民主测评、走访谈话、暗中调查等方式明晰党员情况、了解群众意见，从而选拔出能力强、素质佳、真正为群众办实事的候选人，为换届选举推荐优质的候选人名单，进而确保选出合适的代表人或领导班子。

第二节　吸收新鲜血液，壮大组织队伍

党员作为党的活动的主体，是推动党的事业前进的主体力量，是党的肌体最富有生机活力的细胞，具有十分重要的作用。党员的素质高低，不仅仅决定着个人的成长与发展，更影响着党的力量是否能够得到充分发挥，关系着党的先进性与纯洁性是否能够有效保持，决定着党的事业的兴衰成败。发展党员工作是党的建设当中一项经常性、基础性、重要性的工作，

是保持党的生机与活力的动力来源，发展党员的质量直接关系着建设什么样的党，党的质量如何的问题。支部“三会”作为发展新党员过程中的关键一环，应该承担起发展新党员的责任，按照程序规定，为党组织选拔优秀人才、吸收新鲜血液、壮大组织队伍。

案例 内蒙古霍林郭勒市：五个关口守牢“两新”组织发展党员工作闭环

（来源：共产党员网2021年9月3日）

“两新”组织是新经济组织和新社会组织的简称。“两新”组织员工的流动性比较大，经常出现发展党员程序不规范、衔接不畅、党组织培养考察中断等问题。但质量是发展党员的生命线，对于保持党的先进性和纯洁性具有重要意义，落实好发展党员的标准程序是不容许有任何差错的。面对这一矛盾，内蒙古霍林郭勒市立足实际，严把“入口、教育、程序、审查、公示”五个关口，力图解决上述问题。

严把“入口关”，强化源头管理。2014年5月，中央办公厅印发《中国共产党发展党员工作细则》，对发展党员工作提出了“控制总量、优化结构、提高质量、发挥作用”十六字要求，这是做好发展党员工作的根本依据。这也要求“两新”组织在选拔吸纳入党积极分子时，要注重考察平时工作实际情况，做到优中选优。

严把“教育关”，提升党性修养。支部“三会”在对发展党员进行讨论决议之前，必须考察其培训情况，包括入党积极分子培训、发展对象培训等，考察发展党员培训时长是否足量、培训内容是否合理、培训质量是否达标，坚持做好发展党员的政治理论教育和理想信念教育。2021年，霍林郭勒市已举办“两新”组织积极分子培训班1期，培训50余人次。

严把“程序关”，规范环节流程。霍林郭勒市要求支部“三会”在发展党员工作过程中，必须按照《中国共产党发展党员工作细则》规定，严格执行5个阶段25个步骤工作，落实好发展党员的标准程序。“两新”组织在遵循党章党规的基础之上，也要进一步细化发展党员工作规范，争取使发展党员工作有章可循，确保发展党员工作标准规范、程序一个也不落。

严把“审查关”，防止带病发展。“两新”组织工作人员不似机关、事业单位以及学校等组织，员工的流动性比较强，社会背景也相对复杂。因此，在支部大会讨论接收预备党员前，对发展对象的政治审查必须严格落实。既要考察发展对象平时的工作实际情况，也要对其主要家庭成员进行核查，还要通过实地走访、电话回访等方式对发展对象的实际情况做更深一步的调查了解。

严把“公示关”，广泛接受监督。新发展党员在通过支部党员大会的投票决议之后，要进行公示。霍林郭勒市推行“线上”和“线下”双公开制度，“线上”依托各“两新”单位自行开设的微信公众号以及官方网站进行公示，“线下”依托本单位的公务栏进行公示。一旦接到举报情况，必须立马进行核实。

案例启示

支部“三会”在完成发展新党员工作之时，要以习近平新时代中国特色社会主义思想为指导，按照党的十九大精神、《中国共产党章程》《中国共产党支部工作条例（试行）》以及《中国共产党发展党员工作细则》当中的要求，推动发展新党员工作标准化、制度化、规范化。

1. 提高认识，严把入党流程关

支部想要开展好发展党员工作，成员就必须对发展党员工作的流程有清楚的认知和了解，掌握其中的每一个环节。根据《中国共产党发展党员工作细则》，党员发展有一套标准流程，从递交入党申请书开始，共分为初步培养、重点培养、履行入党和转正4个主要阶段，这其中申请人先后被确定为入党积极分子、发展对象、预备党员，最终成为正式党员。在这个过程当中，支部“三会”始终承担着讨论推荐及对推荐人选进行培训把关的责任和义务，需要遵守发展党员工作的基本流程，禁止突击发展党员，不可有任何逾矩行为。以下为发展党员工作流程图。

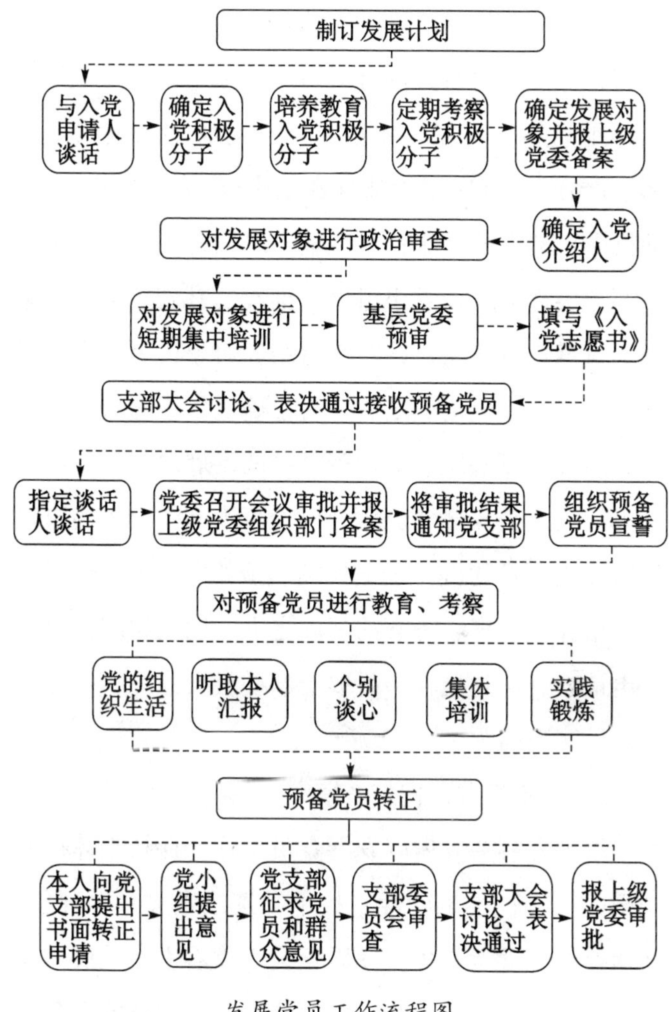

发展党员工作流程图

根据发展党员流程，支部党员大会、支部委员会、党小组会需要在以下流程当中严守程序，发挥自身职能。初步培养阶段，在接到申请人的入党申请书之后，党支部要对其进行谈话，并在党小组会上讨论推荐重点培养对象，将重点培养对象如实上报党支部，严守“入口关”，推荐真正优秀、有实力、入党动机端正的人才入党；重点培养阶段，支部委员会和支部党员大会要在党小组讨论推荐的基础之上，讨论确定重点培养对象，并对重点培养对象进行教育和考察，在集中系统培训之后，讨论确定发展对象；履行入党阶段，经基层党委预审合格的发展对象，要由支部委员会提交支部党员大会讨论，支部党员大会决定是否接收预备党员；转正阶段，预备党员要在进行管理、培养、教育、考察的基础之上，向党组织提交转正申请，支部党员大会听取支部委员会意见，讨论预备党员转正问题。

2. 提高标准，把好考察教育关

严把考察关。做好发展党员工作，保持整体过程当中的公开性、透明性，杜绝乱选或走关系等现象，必须抓好入党考察关。发展党员工作看重对发展对象的思想水平、政治素养、专业能力、实践技能等多方面的考量，因此，支部“三会”在对发展对象进行讨论的过程中，也要着重关注这几方面的素质高低。通过考察平时工作成绩、交流谈话以及走访调查等方式确定其是否合格，是否真正具备成为一名共产党员的条件，为党组织选拔真正优秀的人才；同时，要对发展对象进行政审，政审程序不正当或政审不合格的发展对象，支部“三会”不予通过；此外，支部“三会”在对发展对象的入党事宜进行考察、讨论及投票之时，要针对个人逐一进行，不可糊弄了事，投票也要符合规定，采取无记名投票方式逐一表决，超过半数才可通过接收预备党员或预备党员转正的决议。

严把教育关。发展党员的教育培训是发展党员工作当中的重要环节。支部“三会”对于发展党员的教育工作是持续性、经常性的，要通过常态化教育，使被发展的党员达到党章规定的标准，要加强对发展对象的教育培训，组织入党积极分子、发展对象、预备党员学习党的基本理论、党章党规党纪、党史、习近平新时代中国特色社会主义思想等。在教育形式方面要有所创新，不拘泥于会议的呆板形式，通过线上线下相结合的方式，充分利用新媒体平台优势，调动被教育者的积极性。

3. 开展多样活动，坚定新发展党员的入党信念

要为党组织吸收更多的新鲜血液，就要增强党组

织的吸引力，改变以往传统的组织生活内容、形式和做法。很多党员同志思想认识程度不够，认为参加会议完全是浪费时间，开会不认真、不积极、不主动，改善这种局面不仅仅要从端正党员的思想态度抓起，也要改变支部“三会”的开展模式，开展多样活动，满足广大党员需求，在各种特色活动当中坚定发展对象的入党信念。

支部“三会”可以不拘泥于以往的会议形式，在完成日常程序工作之余，组织正式党员以及发展对象参加一些特色活动，诸如邀请退休的老党员或者优秀党员同志参加座谈或发表演讲，分享他们的故事，提供对照范本，让党员同志们学习优秀经验，塑造个人优秀品格；也可以举办一些党史知识竞赛或者汇报演出活动，让正式党员及发展对象真正参与进来，从中传承红色基因、夯实思想基础，不断提高新发展党员的质量；还可以组织正式党员及发展对象参加一些公益性活动，深入基层，服务群众，使他们从实际行动当中意识与领会共产党员的责任与担当，在服务人民群众的过程中得到思想上的淬炼和成长。

小 结

本章主要论述支部“三会”的两项重点工作内容，即换届选举工作和发展新党员工作。通过对不同地区、不同行业开展换届选举工作和发展新党员工作实际案例的阐释，说明支部“三会”如何开展好这两项具体任务。党支部领导和党员的素质直接关系着党的执政能力和为人民服务的能力，支部在进行换届选举工作和发展新党员工作之前，必须对候选人或发展党员进行充分调查，通过谈话谈心等方式了解真实情况，选举工作和发展新党员工作完成之后，也不能放松考查教育，要将提升党员干部业务水平和能力的培训融会贯通到每一次的会议主题当中去。

想要开展好换届选举工作，就要遵守程序规范。在进行换届选举工作之前，要做好充足的会前筹备工作，通过各项措施的制定和规范的执行来保障换届选举纪律，提高全体党员思想认识，为严格开展换届选举工作提供前提条件。在党小组会和支部委员会上商议换届选举工作相关事宜后，召开支部党员大会，按照程序规范，采取无记名投票等方式进行换届选举。结合案例我们也不难看出，不同地区或不同行业党支部只有加强对全体党员及党支部书记的教育培训，真正遵循制度规划，才能够保证换届选举工作的开展实效。关于发展新党员也是如此，既要符合入党工作流程，也要通过各种活动的开展，加强对发展对象的教育培训，提高发展对象质量，增强党组织凝聚力、战斗力。

第三章

开展专题教育，引导党员学思践悟

概　述

党员教育是保持党的先进性、加强党的执政能力建设的重要举措，是党的建设当中一项基础性、经常性的工作，也是长期战略任务。党的十八大报告指出：加强和改进新形势下党员教育对于保持共产党员先进性，对于建设学习型、服务型、创造型的马克思主义执政党，对于构建社会主义和谐社会，都具有十分重要的意义。2019年11月，经中央领导同志同意，中共中央办公厅印发了《2019—2023年全国党员教育培训工作规划》，其中指出，党员教育培训工作，要以马克思列宁主义、毛泽东思想、邓小平理论、“三个代表”重要思想、科学发展观、习近平新时代中国特色社会主义思想为指导，认真落实新时代党的建设总要求，把学习贯彻习近平新时代中国特色社会主义思想作为首要政治任务，以坚定信仰、增强党性、提高素质为重点，坚持思想建党、理论强党、从严治党，坚持围绕中心、服务大局，坚持分类指导、按需施教，坚持联系实际、继承创新，坚持简便易行、务实管用，不断增强针对性和有效性，引导党员增强“四个意识”、坚定“四个自信”、做到“两个维护”，努力建设政治合格、执行纪律合格、品德合格、发挥作用合格的党员队伍。

从历史传统来看，党员教育主要以经常性教育为主，并根据形势任务的要求和加强自身建设的需要及时开展党内集中学习教育。在教育内容方面，党员教育既要围绕党和国家的中心任务，也要结合不同领域、不同群体的特点；在教育形式方面，既要完善组织形式，也要丰富教学模式、创新教学手段。支部“三会”作为党员集中参与的会议平台，发挥着教育党员的重要作用。在2019年5月6日起施行的《中国共产党党员教育管理工作条例》第四章第十六条当中规定：“党支部应当运用‘三会一课’制度，对党员进行经常性的教育管理。党员应当按期参加党员大会、党小组会和上党课，进行学习交流，汇报思想、工作等情况。”具体来说，支部“三会”可从以下三个方面开展不同的专题教育，引导党员实现学思践悟。第一，强化党的基本理论的学习教育，引导党员规范自身行为，自觉做中国特色社会主义思想的坚定信仰者和忠实实践者。第二，强化近期文件纲领的学习教育，及时传达、宣传、贯彻党的路线、方针、政策和上级党组织的决议、决策，为党和政府部署的各项任务在各行各业顺利完成提供保障。第三，强化对党史的学习教育，不忘初心、牢记使命，在百年党史当中传承红色基因、汲取红色力量。

第一节　高举伟大旗帜，加强理论学习

2021年12月，习近平总书记主持中共中央政治局专题民主生活会并发表重要讲话，他谈道："要带头坚定理想信念，从理想信念中获得察大势、应变局、观未来的指路明灯，获得奋斗不止、精进不怠的动力源泉，获得辨别是非、廓清迷雾的政治慧眼，获得抵御侵蚀、防止蜕变的强大抗体。"支部"三会"在党员教育方面非常重要的职责之一就在于加强党员

的理论修养。通过深入学习马克思主义基本理论，学习毛泽东思想和中国特色社会主义理论体系这两大马克思主义中国化理论成果，学通弄懂新时代中国特色社会主义思想，学习、遵守并贯彻党章党规党纪相关内容，使党员在加强个人理论修养的过程中不断坚定自己的理想信念。

案例 江西省南昌市青山湖区职业技术学校党支部：对照党章党规找差距

（来源：南昌市青山湖区职业技术学校微信公众号2019年10月31日）

党的十九大报告指出“要尊崇党章”“必须以党章为根本遵循”。要想成为一名合格的共产党员，就必须认真学习党章党规党纪，熟记党章党规全文，掌握党章党规的内容要点，将党章党规当中的要求时刻铭记在心中，懂规矩，守纪律，拒绝任何违规违纪行为。

2019年7月，中央“不忘初心、牢记使命”主题教育领导小组印发《关于在“不忘初心、牢记使命”主题教育中对照党章党规找差距的工作方案》，要求各地区各部门各单位在主题教育中对照党章党规，以正视问题的自觉和刀刃向内的勇气，逐一对照、全面查找各种违背初心和使命的问题，真刀真枪解决问题。

2019年10月30日上午，南昌市青山湖区职业技术学校党支部在校三楼会议室召开结合“三会一课”对照党章党规找差距专题会议。青山湖区职业技术学校党支部书记主持会议，学校全体班子成员参会，学校全体党员列席。会议由党支部书记通报支部成员对照党章党规找差距总体情况，班子成员依次交流发言。

对照党章党规找差距，要求支部成员对照《中国共产党章程》《关于新形势下党内政治生活的若干准则》《中国共产党纪律处分条例》，紧扣中央提出的“18个是否”，边学习、边对照，逐条逐项进行检查整改，既要实实在在查明是否存在问题，又要对存在的问题进行对照检查和深入剖析，在这个过程中推动全体党员不断检视自我、自觉修正错误。

会议上，支部成员依次发言，汇报对照党章党规找差距的自我检查情况。有的党员同志认为个人思想境界还不够，尚不能对中国特色社会主义理论体系相关内容做到融会贯通，学得不够深、不够透；有的党员同志认为自己在工作以及生活当中缺乏担当意识，不能直面困难；有的党员同志认为自己发挥党员的先锋模范作用不够，把自己混同于普通群众，对自己的要求不高。在此次的交流汇报当中，绝大部分党员同志都能结合学校实际以及自身工作情况，在检查时做到“边学习、边对照、边检视、边整改”，真正将个人摆进去、把职责摆进去、把工作摆进去，真正做到了检视与反思，提高了个人的思想认识。

区第一巡查组组长对专题会议进行了点评，通报支部成员对照党章党规找差距总体情况，认为学校党支部成员对标中央部署，严格落实主题教育要求，支部成员在对照党章党规找差距的过程中也能够做到态度端正、问题准确、自我剖析到位。此外，该会议还对之后的支部“三会”会议内容做出了部署安排，要求进一步列出问题清单，督促问题整改，做到知行合一。

案例启示

在支部“三会”开展党员教育工作，要紧紧围绕提高党员理论修养、坚定党员理想信念这一任务，不仅要高举中国特色社会主义伟大旗帜，注重党的指导思想和基本路线、《中国共产党章程》等基本理论知识的教育和学习，结合支部特色，增强党员的主动性，充分调动党员在会议上交流研讨的积极性，还要善于在会议上及时检验学习成果，对照理论查找党员个人差距，解决工作当中存在的问题，为支部“三会”的开展提实效。

1. 克服死板宣读，营造良好的学习氛围

目前，一些党支部在召开支部会议进行党员教育这方面做得不够扎实，学习党的基本理论知识往往停留于读读文件，念念报纸，只有读文件的人在用“功夫”，剩下的党员都在“打瞌睡”，流于形式且没有实际效果。党员觉得这样的会议枯燥乏味，不能把学习教育放在心里，学得不认真，记忆不深刻。要想改变这种现状，有效地提升党的基本理论知识的学习质效，需要一改以往的教条式教育模式，克服死板宣传，营造良好的学习氛围。

支部“三会”在开展党员教育工作时，一方面要将理论摸深摸透，加强对理论背后历史和实践的了解。另一方面要注重推动党员自身主动参与理论学习，加强互动与交流。支部“三会”是全体党员参加的，不能光靠党员领导干部宣讲，要将理论教育落实到每位党员，培养党员的学习意识，调动党员的积极性、主动性、创造性，发挥互动研讨的优势，人人都要发言，人人都要讲解，人人都要分享自己的理论学习成果，发表个人观点，表述理论见解，彼此交流意见，打造互动式的会议“课堂”。只有将理论学习的主动权交还给党员自己，才能真正使党员在会议上坐得住、学得好，实现支部“三会”开展质量和党员教育实效的“双赢”。

2. 让理论落地，提升学习教育实效

《中国共产党党员教育管理工作条例》指出，新时代强化理论学习、推进党员教育工作的根本目标在于提高党员的思想政治素质、增强党员的工作能力、发挥党员的先锋模范作用。支部“三会”的会议内容重点不仅仅在于“学”，更在于学习成果的有效转化，在开展理论教育工作时，不仅要围绕中心，服务大局，对党的基本理论展开学习，也要联系实际、按需施教，注重考察党员的实际学习效果，力求融会贯通，争取边学习、边整改、边提升。

要想让理论学习落地，仅仅靠枯燥乏味的理论记忆是远远不够的。支部既要调动党员的积极主动性让会议内容更具生动性，也要及时检查党员的理论学习成果让会议内容更具实效性。南昌市青山湖区职业技术学校党支部在加强党员党章党规学习时，通过组织“对照党章党规找差距”的专题会议，在会议上检查党员的理论学习成果，让每个党员分享自己的学习感悟和学习经验，找出个人目前理论学习或工作实际方面的不足之处，列出问题清单并逐一改正。一方面，让党员在自我学习的过程中意识到党章党规的重要性，在逐条逐项的对照检查过程中对其内容有了系统的把握，记忆更加牢固，从而可以用党的理论知识武装头脑、指导实践、推动工作。另一方面，也有利于党员落实理论学习成果，将党章党规内容内化于心、外化于行，实现个人综合素质的提高。其他党支部在开展支部“三会”时也可以借鉴南昌市青山湖区职业技术学校党支部的做法，从学习到落实再到整改，形成理论教育的完整链条。这样让会议内容更加饱满充实、理论教育丰盈具体，既做到了检视思想言行，又有利于学思用贯通、知信行统一，真正实现了让理论落地，提升学习教育实效。

第二节 紧跟党中央政策，领会文件精神

2019年11月中共中央办公厅印发的《2019—2023年全国党员教育培训工作规划》强调，党员教育培训的主要内容要围绕中心工作，着眼统筹推进“五位一体”总体布局和协调推进“四个全面”战略布局，紧扣今后5年党和国家重大决策部署、重要会议活动、重要时间节点，有针对性地开展党员教育培训，要引导党员把思想和行动统一到党中央决策部署上来。

党员教育工作不仅要多运用新兴平台，在形式上紧跟时代步伐，与时俱进，在内容上更要紧跟党中央政策，注重领会近期文件精神。对于党中央、国务院颁布出台的一些方针政策，党员应该比一般群众更具备敏感性及先行性，这就需要在对党员的教育当中及

时根据不同时期的形势和任务制定培训计划，通过召开支部党员大会、支部委员会和党小组会交流学习上级文件精神。同时，支部“三会”所规划的党员教育内容也要坚持理论联系实际，根据不同地区不同领域的实际工作情况，让上级文件精神真正实现落地转化。

案例 上海市嘉定区卢湾一中心实验小学党支部：学习“七一”讲话精神 深入推进“双减”工作

（来源：嘉定区卢湾一中心实验小学微信公众号2021年8月26日）

2021年5月21日，为深入贯彻党的十九大和十九届五中全会精神，切实提升学校育人水平，持续规范校外培训（包括线上培训和线下培训），有效减轻义务教育阶段学生过重作业负担和校外培训负担（“双减”），中共中央办公厅、国务院办公厅印发《关于进一步减轻义务教育阶段学生作业负担和校外培训负担的意见》文件，于2021年9月1日开始实施，先在试点城市开展。试点城市包括北京市、上海市、沈阳市、广州市、成都市、郑州市、长治市、威海市、南通市，上海市卢湾一中心实验小学便在试点范围内。

2021年7月1日，习近平总书记在天安门广场庆祝中国共产党成立100周年大会上发表了重要讲话。习近平总书记立足中国共产党百年华诞的重大时刻和“两个一百年”历史交汇的关键节点，全面回顾了中国共产党走过的一百年光辉历程，深刻总结了这一百年来我们党带领人民为中华民族的伟大复兴所做出的努力与创造，高度概括了伟大建党精神，并对全党在新的征程上以史为鉴、开创未来提出明确要求，号召新时代的青年同志们以实现中华民族伟大复兴为己任，不负时代、不负韶华、不负党和人民的殷切期望，号召全体党员努力为党和人民争取更大光荣。

2021年8月25日，为深入学习“七一”讲话重要精神，持续推进“双减”工作，卢湾一中心实验小学党支部召开以“学习‘七一’讲话精神　深入推进‘双减’工作”为主题的党员大会，校长及副书记参加本次会议，学校全体教师党员出席会议。校长和副书记对全体教师党员做出了具体要求，要求大家铭记历史，继往开来，任何时刻都不能忘记党的光荣历史，不仅要立足于百年华诞的重大历史时刻深入学习党史，更要结合自身实际情况，撰写心得体会，学深悟透“七一”讲话重要精神。在深入落实“双减”工作方面，卢湾一中心实验小学党支部将国家政策与学校举措结合起来，强化学校教育主阵地作用，要求每位党员发挥先锋模范带头作用，尽快适应政策需要，提前做好课程安排及作业规划，打造高效课堂，压减作业总量和时长，减轻学生过重的作业负担，有效实施各种课后育人活动，缓解家长焦虑情绪的同时构建良好的教学生态环境，切实提升学校育人水平，促进学生全面发展、健康成长。

2021年8月26日，卢湾一中心实验小学各党小组召开党小组会议，及时分享了8月25日所召开的党员大会学习内容。各个党员纷纷结合实际情况，对个人目前工作、未来的工作打算做出汇报。作为党员，要不忘初心，牢记使命，掌握习近平总书记“七一”重要讲话精神，将百年党史的奋斗历程铭刻于心；作为教师，更要紧跟国家政策变化，推进“双减”工作，提升自身教学能力，为促进学生成长而不断努力。

案例启示

支部“三会”在开展党员教育工作时，必须紧跟党中央的政策思想，及时悟透近期文件精神，贯彻落实相关决策部署。

1. 既要及时又要悟透，力图实现融会贯通

在提高党员教育培训质量方面，非常重要的一点就在于“教什么”。要围绕中心任务、结合实际工作，按需施教，更要着眼于党和国家的重大决策部署、重要会议活动，有针对性地开展工作。支部“三会”在发挥教育功能规划会议主题时要注重对党员的形势政策教育，包括党和国家的政策、会议活动、国家领导人的重点讲话精神、上级印发的文件精神等内容，培养党员的政治素养和理论素养，使党员始终走在时代的前列，做引领时代的先驱者。

支部“三会”在开展党员教育跟进党中央决策部署、学习贯彻党中央文件精神时，不仅要及时跟进学，更要深入思考、学深悟透，力图实现融会贯通。上海市卢湾一中心实验小学党支部在学习习近平总书记“七一”重要讲话精神时，陆续召开支部党员大会和党小组会，通过撰写心得体会、交流研讨等方式推

动学习教育走深走实，将“七一”讲话精神与“双减”工作联系起来，让教师党员在工作实践中领悟讲话精神。其他党支部在开展支部“三会”时，也要以学深悟透为第一目标，启发和调动党员自身的思考与行动能力，以解决实际问题、推动事业发展、维护人民群众权益为目标，实现学以致用、知行合一。

2. 理论联系实际，结合实践工作进行学习

理论从实际中来，并接受实践的检验。理论只有联系实际，才能指导实践，脱离实际的理论，就会变成僵死的教条。理论联系实际是马克思唯物主义思想的具体体现，是中国共产党在长期的革命实践中树立起的三大作风之一，更是党进行理论宣传和教育时必须遵循的根本原则。支部“三会”在开展党员教育工作、宣传学习党和国家的决策部署之时，也必须考量不同地区、不同行业特点，结合各单位实际工作情况，坚持理论联系实际这一优良作风。

一方面，开展党员教育工作要体现不同地区和群体特点。在农村，重点围绕贯彻落实习近平总书记关于“三农”工作的论述、打赢脱贫攻坚战、实施乡村振兴战略、推进农业农村现代化开展党员教育培训；在街道社区，重点围绕巩固党在城市执政基础、加强

城市治理、服务社区群众、建设美好家园开展党员教育培训；在机关，重点围绕建设让党中央放心、让人民群众满意的模范机关开展党员教育培训；在事业单位，重点围绕深化改革、提高绩效、促进事业发展开展党员教育培训，学校重点围绕坚持马克思主义指导地位、落实立德树人根本任务、培养社会主义建设者和接班人开展党员教育培训；在国有企业，重点围绕加强党对国有企业的领导、深化国有企业改革、实现国有资产保值增值开展党员教育培训；在非公有制经济组织，重点围绕贯彻党的方针政策、严格遵守国家法律法规、团结凝聚职工群众、维护各方合法权益、促进企业健康发展开展党员教育培训；在社会组织，重点围绕坚持正确政治方向、有序参与社会治理、提供公共服务、承担社会责任开展党员教育培训；民族地区要重点围绕贯彻党的民族政策、做好民族工作，对党员加强党的意识、中华民族共同体意识和马克思主义国家观、历史观、民族观、文化观、宗教观等教育培训。

另一方面，要结合各单位实际情况开展党员教育，贴近党员需求，解决实际问题。上海市嘉定区卢湾一中心实验小学党支部就是从本单位的实际情况出发，探讨“双减”政策之下的工作新转变。这样的会议内容既及时传达并学习了国家的政策文件，又契合了教师党员的工作需求，为教师党员适应政策变革、调整教学规划、优化教学方案提供了交流研讨与相互借鉴的机会，帮助解决实际问题，避免了“假大空”，更具针对性与实用性。

第三节　汲取红色力量，学党史悟思想

中国共产党已经走过了百年的历史，这百年历史当中蕴含着宝贵的政治营养。我们要从百年的党史当中去感受共产党人的初心梦想、汲取实现中华民族伟大复兴的前进力量。习近平总书记高度重视党史学习教育，自党的十八大以来，在多个场合阐述学习党史的重要性，强调“历史就是历史，历史不能任意选择，一个民族的历史是一个民族安身立命的基础”，“历史是最好的教科书，也是最好的清醒剂”，“对我们共产党人来说，中国革命历史是最好的营养剂”。

党的历史是最生动、最有说服力的教科书，党史学习教育要融入共产党员的日常生活当中，融入支部“三会”的会议议题当中。

案例 四川省眉山市彭山区：三项专题力抓党史教育

（来源：共产党员网2021年10月31日）

四川省眉山市彭山区把开展党史学习教育当作一项重大政治任务来抓，明晰党支部主体责任，以支部“三会”为学习阵地，提高政治站位、明确目标任务，开创学习、研讨、实践三个专题，推动党史学习教育走深走实，不断营造学党史、悟思想、办实事、开新局的良好氛围。

一是抓好学习环节，利用不同形式开展学习教育活动，“专题学习”蓄势能。四川省眉山市彭山区在原有支部委员会和党小组的基础之上建立机关党支部青年理论学习小组，定期举办“周五开讲”活动和“我是党员主讲人”主题党日活动，将党史学习的舞台交给党员，引导党员积极参与到学习活动中来。在支部“三会”上，开展老党员带学领学活动，邀请亲身经历革命斗争、具有参战经验的老党员为大家生动讲述党史小故事，分享自己的亲身经历，诠释共产党人的初心与信仰；走出会议厅，充分利用本土红色资源，打造地方特色红色教学，组织党员了解红色资源背后的党史故事，带领全体党员走访革命圣地、红色基地，拍摄红色微电影；利用网上学习覆盖面广、时效性强的优势，推出网上学习模式，以每周考核的机制检验党员学习成果，让党史学习教育成果看得见摸得着，有切实成效。

二是抓好交流讨论环节，调动党员积极主动性，开展“学史力行开新篇”专题讨论活动，“专题研讨”挖潜能。四川省眉山市彭山区依托支部“三会”开展专题研讨活动，全区540名科级干部、1600余名党员骨干参加。会议回顾了党史学习教育以来开展的一系列学习活动，让全体党员进一步意识到学习党史以及党史学习教育的重要性。聚焦学史力行的会议专题，党员同志纷纷分享自己的学习成果，剖析自己的问题，检视自己的初心，表述自己在党史学习教育过程中汲取的实践力量。研讨活动还邀请党员同志为将来的党史学习教育建言献策，充分激发党员热情，为下一步党史学习教育科学高效开展凝聚了共识。

三是推动党员教育走深走实，争取以学促行，发挥“支部建在家门口”的优势，走出会议厅为群众办实事，“专题实践”提效能。四川省眉山市彭山区突出学史力行，要求党员同志们将党史学习教育中的理论知识学以致用，将学习党史收获的“政治营养”，播种到人民群众的“土壤”当中去，力图做到知行合一，贯彻为人民服务的宗旨。通过公开征集等方式收集全区范围内民生问题，建立100项任务清单，调动全区1.3万余名党员干部深入基层，贴近群众，解决群众疑惑、满足群众需求、为群众办实事，累计解决民生问题350件（次），切实提高了人民群众的幸福感、满足感，实现了党史学习教育的成果转化。

案例启示

党史学习教育是党员干部的一门“必修课”，应该融入支部“三会”的日常议题中。要想让党员真正将党史学深悟透并从中汲取丰富的营养，支部“三会”在开展党史学习教育时就必须在学习内容、学习方法、学习形式上齐下功夫，避免形式主义，坚持求真务实。

1. 拓展思路，增强党史学习感染力

百年党史是一本践行党的初心与使命的教科书，所承载的历史价值是十分厚重的，其中有非常多值得学习的优秀共产党人和英雄事迹，历史经验与历史启示更是数不胜数。支部“三会”在抓党史学习教育时要避免循规蹈矩，要认真选、仔细学，摒弃以往“读文件”“读材料”的走过场式会议教学，真正拓宽教学思路，丰富学习内容，掌握学习方法，创新学习形式，增强党史学习感染力，提升教育效果。

在学习内容方面，既要通读“博览”，又要细读“深耕”。想要学好党史，就必须通读党史，可以通过《中国共产党简史》这类书籍的阅读和学习，对中国共产党成立以来的历史进行系统全面的了解和把握，做到通读“博览”；由于党史内容丰富，所以支部“三会”也应该有的放矢，善于抓住重点，科学把握党史的主线，梳理历史脉络，学通弄懂党史当中的重大事件，理性思考党史当中的重大问题，做到细读“深耕”。

在学习方法方面，要坚持实事求是，确立唯物史观。支部“三会”在组织党员学习党史时，要坚持唯物史观，将党史看作动态发展的系统，准确把握党的历史发展的主题主线、主流本质；要实事求是，辩证分析历史人物和历史事件，既不能回避其过失，也不能否定其成就；要结合时代环境，站在世界史的视角上学习党史；要坚持党性与科学性的统一；要反对民族虚无主义和历史虚无主义。

在学习形式方面，要注重创新，让党史学习“活”起来。支部“三会”可以通过多种多样的形式开展党史学习教育，积极探索党史学习的新思路、新方法、新形式。邀请老党员来分享自己的党史小故事；充分利用红色资源，组织党员实地走访红色基地，传承红色精神；组织党员在会议上观看一些党史题材的纪录片或是《长津湖》《觉醒年代》《我们的法兰西岁月》等热门影视作品，从而更加直观地学习党史；增强党史学习教育的互动性，将党史学习的舞台交给党员，举办一些党史知识竞答的比赛，既激发党员的学习热情，又巩固党史学习成果。

2. 以学促行，坚持真抓实干

党史是丰富生动的教科书，我们开展党史学习教育，是为了从中传承红色基因、赓续精神血脉，为了从中把握历史趋势、找寻开辟未来的钥匙，为了对照现实，总结经验，学以致用。在党史学习教育动员大会上，习近平总书记提出了“学党史、悟思想、办实事、开新局”的12字箴言，就是要共产党员学深学透、活学活用。四川省眉山市彭山区在党史学习教育方面力图做到知行合一，不断推动党员教育走深走实，深入基层解决民生问题，真正实现了我们党为人民服务的宗旨。

支部“三会”在开展党员学习教育方面，不仅要解决“学什么”“怎么学”的问题，还要解决“学了怎么做”的问题，既不能局限于死板地学，也不能局限于冰冷的会议室，而要同党员自身工作结合起来，把学习成果真正转化为工作成果，将理论素养与工作能力结合起来，坚定党员理想信念，提升党员责任担当。中国共产党的初心与使命在于为中国人民谋幸福、为中华民族谋复兴。支部“三会”要将党史学习教育与解决实际问题巧妙地结合起来，广泛收集群众问题、解答群众疑惑、解决群众实际问题，才能够提升党员学习效果，提高党员综合素质，做好党群工作，切实为群众服务。

小 结

本章主要聚焦支部“三会”对党员开展专题教育的任务和职能，围绕学习党的基本理论知识、紧跟党中央决策部署、开展党史学习教育这三个学习教育的主要方面分别挑选各行各业典型案例，试图为支部“三会”有效开展教育工作归纳共同规律、提供有益经验。在学习党的基本理论知识方面，青山湖区职业技术学校党支部在召开专题会议时，党员挨个对照党章党规找差距，有效提高了会议参与度，提升了学习效果。在紧跟党中央决策部署方面，上海市嘉定区卢湾一中心实验小学党支部召开支部党员大会和党小组会学习习近平总书记“七一”重要讲话精神，联系教师党员工作实际，推动“双减”政策在学校工作当中落实到位。在党史学习教育方面，四川省眉山市彭山区各党支部采取“链条式”学习方法，系统性抓好学习、交流研讨、实践三个环节，先学后做、以学促行，推动党史学习教育真正走深走实。

通过归纳本章案例，不难得出共性规律，支部“三会”在召开专题会议开展党员教育培训时，需要充分考虑实际工作需要，做到以下几点：首先，要准确把握学习内容，既要突出政治功能，围绕党和国家中心工作规划学习内容，也要突出党员需求，结合各单位基本工作任务制订学习计划。其次，要创新学习形式，运用新媒体等新兴网络教学手段，从调动党员学习积极主动性上着手，在激发党员活力方面下功夫，鼓励党员踊跃参与到会议学习教育当中。最后，要让党员学习教育有收获、有效果，要用习近平新时代中国特色社会主义思想武装党员头脑、指导实践、推动工作，切实提升党员政治素养、理论水平、专业能力和实践本领，争取以学促行，将学习效果转化为实际工作效果，实现提高党员个人综合素质和为人民服务、为群众办实事的双赢局面。

第四章

民主评议党员，锤炼党性修养

概　述

民主评议党员制度来源于基层党组织的创造。早在1984年，当时的上海铁合金厂党委就在厂里定期评议党员，组织群众民主评议党员，增强党组织战斗力，发挥党员的先锋模范作用。1988年11月18日，中组部制定《关于建立民主评议党员制度的意见》，12月15日，党中央予以同意转发并指出，“建立民主评议党员制度，是从严治党，提高党员素质的一项重要措施，是通过制度建设加强对党员进行经常性教育、管理和监督的有效方法”。按照中央通知精神，各地在试点基础上逐步推行。历经多年，民主评议党员制度已成为党内一项经常性制度。

民主评议党员是按照党章规定的党员条件，在集中学习、谈心谈话、征求意见的基础上，通过党员评议和党支部评定，对每名党员在政治、纪律、品德和作用发挥等方面做出客观评价，表扬优秀党员，评定不合格党员，激励广大党员强化党的信念、提高党性修养，自觉践行“四个合格”。《中国共产党支部工作条例（试行）》规定，党支部一般每年开展一次民主评议党员，组织党员对照合格党员标准、对照入党誓词，联系个人实际进行党性分析。

根据党内相关规定，召开民主评议党员会议之前，党支部应研究制订开展民主评议党员工作的具体方案，报上级党组织审核，上级党组织审核同意后，支部及时通知全体党员做好必要准备，还可以向本单位党员、群众公示民主评议党员的主要内容、方法步骤和时间安排。开展民主评议党员工作，时间要相对集中，方法要简单易行，基本方法主要有学习教育、自我评价、民主评议、组织考察、表彰和处理这五种。民主评议党员工作一般由党支部召开党员大会，按照个人自评、党员互评、民主测评的程序，组织党员进行评议，党员人数较多的支部，个人自评和党员互评可以在党小组范围内进行，支部委员会会议或者党员大会根据评议情况和党员日常表现情况，提出评定意见，民主评议党员可以结合组织生活会一并进行。

实践证明，开展民主评议党员工作，既是贯彻党要管党、全面从严治党方针的体现，对于加强党员教育、监督、管理具有重要作用，又有利于密切联系群众、听取群众意见、改进实际工作。支部“三会”作为民主评议党员工作的会议载体，需要遵循民主评议党员的基本原则、把握民主评议党员的重要内容、按照民主评议党员的方法步骤进行，督促党员在支部“三会”上开展好批评与自我批评、自觉接受群众监督、做好表彰与处分工作，以促进党员保持先进性和纯洁性，不断增强党组织的创造力、凝聚力和战斗力。

第一节　进行批评与自我批评，让会议充满“辣味”

批评是指对组织或他人的缺点、错误提出意见和看法；自我批评是指组织或个人对自己的缺点、错误进行自我揭露和反思。批评与自我批评是中国共产党的三大优良作风之一，是党的建设的四大重要法宝之一，是党内民主的重要组成部分，也是严肃党内政治生活的一种有效方式。

1945年4月23日至6月11日召开的党的七大上审议通过的《中国共产党章程》明确提出，中国共产党应该用批评与自我批评的方法，经常检讨自己工作中的错误和缺点，教育自己的党员和干部，并及时纠正自己的错误。这是党第一次将“批评与自我批评”写入自己的章程，成为全党共同遵守的准则之一。几十年来，党对批评与自我批评的认识进一步深化，党章对批评与自我批评的相关规定也日臻完善。“批评和自我批评是一剂良药，是对同志、对自己的真正爱护。”“党内政治生活质量在相当程度上取决于这个武器用得怎么样”，“要让批评和自我批评成为党内生活的常态，成为每个党员、干部的必修课”。党的十八大以来，习近平总书记多次指出坚持党要管党、从严治党，在多个场合强调批评与自我批评的重要意义，还对如何正确对待批评与自我批评提出明确要求：对自己的缺点错误，要敢于正视、主动改正。对别人的缺点错误，要敢于指出、帮助改进。对同志的提醒批评，要闻过则喜、虚心接受。自我批评要一日三省，相互批评要随时随地，不要等小毛病发展成大问题再提。

支部“三会”作为党员批评与自我批评的平台，必须将认真查找问题和解决问题贯穿支部“三会”始终，要求全体党员大胆使用、经常使用批评与自我批评这个武器，敢于揭短亮丑，达到解决实际问题、增强党性修养的目的。

案例 西安交通大学电气工程学院硕0054党支部：开展谈心交流会，勇于批评与自我批评

（来源：西安交通大学电气工程学院微信公众号2021年8月13日）

批评与自我批评是以毛泽东同志为代表的中国共产党人，在马克思列宁主义关于无产阶级政党理论基础上，总结中国共产党在革命建设中的实践经验而形成和发展起来的。在延安整风时期，中国共产党切实运用了批评与自我批评的优良作风，在全党范围内整顿“三风”，全体党员及领导干部拿起了批评与自我批评的武器，结合自身实际，对革命事业和自身的优

缺点进行了深刻的反思和检讨。

邓小平曾经说过："纠正同志的错误是为了取得教训，改进工作，也就是说，'惩前毖后，治病救人'，而不是为了把犯错误的同志'整死'，整得他实际上不能在党内继续工作。"批评与自我批评只是一项手段，要以"团结—批评—团结"为原则扎实开展，引导党员了解批评与自我批评的辩证关系，敢于开展批评与自我批评，要从团结的愿望出发，开诚布公地谈问题、真心诚意地剖析自己，解决工作当中的实际问题，达到促进自身发展及工作进步的目的。这需要党支部对党员做好思想教育工作，让党员同志摆好政治立场、调整心态、意识到批评与自我批评的重要意义，掌握好批评与自我批评的基本原则。

2021年8月，西安交通大学电气工程学院硕士生0054党支部就在开展批评与自我批评工作之前，召开了一场谈心交流会，在党支部委员之间、支部委员与党员之间、党员与党员之间开展广泛的谈心谈话。一方面，做好党员的思想政治工作，引导广大党员增强"四个意识"、坚定"四个自信"、做到"两个维护"，教育广大党员充分认识到进行批评与自我批评的重要性；另一方面，为顺利开展批评与自我批评工作“打底”，提前了解党员的思想学习工作情况，征求党员对党支部的建议，吸取建设性意见。

经过谈心交流会的蓄势与铺垫，西安交通大学电气工程学院硕士生0054党支部的批评与自我批评工作于2021年8月13日顺利开展。会上，党支部书记率先发言，认为自身在理论学习和学校学院的红色教育活动方面都有不足，理论知识学习不足，对于学校学院的活动关注度不够，同时也对支委的工作提出了建议。全体党员及入党积极分子随后展开了深刻的批评与自我批评，逐一进行发言，大家普遍联系自己的思想状况和工作实际，反思个人在理论知识学习、科研创新、作息和生活等方面存在的问题，提出对支部工作创新、党建工作落实的一些建议。

西安交通大学电气工程学院硕士生0054党支部全体党员之所以能够以严肃认真的态度开展批评与自我批评，勇于指出自身不足以及支部工作当中存在的一些问题，重点就在于该支部提前召开谈心谈话交流会，做好党员思想预设、提高党员思想认识、促使党员及时审视自身，达到提升党员自身能力、支部共建共进的目的。

案例启示

支部“三会”在开展批评与自我批评时，要从团结的愿望出发，提升党员思想认识，要坚持实事求是，以事实为依据，要站稳党性立场，敢于批评与自我批评。

1. 从团结的愿望出发，提升党员思想认识

1981年7月17日上午，邓小平同中共中央宣传部门负责同志谈话，就当时思想战线上的问题发表意见。他指出：“从团结的愿望出发，经过批评与自我批评，达到新的团结，这就是正确处理人民内部矛盾的主要方法。”毛泽东同志也曾经指出，“有无认真的自我批评，也是我们党和其他政党互相区别的显著的标志之一。”“要从团结的愿望出发，通过批评与自我批评，达到更坚强的团结。”团结和批评二者既不矛盾，也不相悖，互补共荣。引导党员从团结的愿望出发，让党员持有批评与自我批评的根本态度，达到既划清思想界限、明辨原则是非，又团结同志、激励进取的目的，而不是为了批评而批评，为了斗争而斗争。

西安交通大学电气工程学院硕士生0054党支部之所以能够达到批评与自我批评的良好效果，很大一

部分原因在于会前谈心交流会的开展，让广大党员事先认识到了批评与自我批评的重要意义，把握了批评与自我批评的基本原则，掌握了批评与自我批评的基本方法。支部“三会”在开展批评与自我批评时也可以借鉴这一做法，预先做好党员的思想动员工作，通过广泛的谈心谈话、思想动员会等方式提升党员的思想认识，让党员明白开展批评与自我批评在于要不断揭露各种错误倾向和不正之风，要对自身、他人以及党组织的缺点错误及时指出并进行深入剖析，进行积极的健康的思想斗争，真正促进党员和党组织的健康发展，加强党的建设。

2. 实事求是，以事实为依据

实事求是指从实际对象出发，探求事物的内部联系及其发展的规律性，认识事物的本质，了解事物的本来面貌，按照事物的实际情况办事。实事求是是贯穿我们党的全部实践、全部理论的一条基本线索，一部中国革命、建设、改革的历史，就是中国共产党带领中国人民实事求是地认识中国、改造中国、建设中国、发展中国的历史。党的十八大以来，以习近平同志为核心的党中央，以巨大的政治勇气和责任担当，把实事求是贯穿到治国理政各个方面、各个环节，在实践中积累了新的宝贵经验，中华民族迎来了从站起来、富起来到强起来的伟大飞跃。习近平总书记曾深刻指出："实事求是，是马克思主义的根本观点，是中国共产党人认识世界、改造世界的根本要求，是我们党的基本思想方法、工作方法、领导方法。"

毛泽东同志曾讲，党内批评要防止主观武断，说话要有证据。主观主义的批评，不要证据的乱说，往往酿成无原则纠纷，破坏党内的正常生活。邓小平说："无论是开会发言、写文章，都要进行充分的说理和实事求是的科学分析。参加讨论和批评的人，首先要对讨论和批评的问题研究清楚，绝不能以偏概全，草木皆兵，不能以势压人，强词夺理。"支部"三会"在引导党员开展批评与自我批评工作时，也要秉持实事求是的原则。要有所依据，围绕事实来展开，有一说一，有二说二，既不扩大也不缩小，不能随心所欲地"编瞎话"，为了批评而批评；要足够客观，在了解事情全貌、掌握事实本质、深思熟虑的基础之上进行批评，既不能姑息养奸，也不能言过其实；要严肃认真地看待问题，对于别人的批评要虚心采纳，对于自身的问题要客观检讨，具体问题具体分析，始终保持"有则改之，无则加勉"的态度。

3. 站稳党性立场，敢于批评与自我批评

在批评与自我批评中站稳党性立场是由邓小平同志提出的，他强调，“要自己抱有高度的革命热情和对党负责的精神，才会襟怀坦白，才会有‘脱裤子’的精神，也才会把思想作风整好”，“一定要毫不含糊地进行批评”。在批评与自我批评实际开展过程中，仍有一些党员同志“明哲保身”，看不清实际情况，不敢开展批评与自我批评，拒绝同他人进行深刻的思想辩论，也不敢明确指出自己及他人的问题。在批评与自我批评工作当中营造“一团和气”的氛围绝不是好现象，站稳党性立场，就是要站在中国共产党的立场上，防止“和平主义”倾向，维护批评的权威性，保持公正性，以对同志、对组织、对事业高度负责的精神开展批评与自我批评。

要严于自我批评。首先，要确立正确的思想态度。批评与自我批评是中国共产党的优良传统，胸怀坦荡、勇于自省、敢于改进更是中国共产党人应该有的政治品格，要让党员真正认识到揭露自身错误、汲取经验教训的重要性，才能开展好批评与自我批评。其次，在开展自我批评时要关注到两方面的内容。一方面要以共产党员的标准时刻严格要求自己，对照党章党规要求找差距、找不足；另一方面要对照同事、身边人找问题，反思自己在工作、生活当中存在的问题。最后，对于发现的问题，要有则改之，无则加勉。从主观上深入剖析原因、认清危害，敢于触及思想、触及灵魂，并且在工作、生活中认真加以解决，真正见诸行动，彻底整改。

要敢于开展相互批评。陈毅同志曾在延安整风时期面对别人对他没有管好干部的批评，感慨批评难得，写下了“难得是诤友，当面敢批评”的诗句。批评想要深刻，是需要勇气和充分思想准备的，自古忠言逆耳，但批评却是要当面揭其他人的“短”，揭伤疤、戳痛处，刺耳之言很容易得罪他人，但党员仍要坚持以人民利益至上，站稳党性立场，敢于开展相互批评。一是要反对事不关己高高挂起的态度，发现问题就要及时指出，要“知无不言、言无不尽”，不能等小问题发展成大毛病再提。二是批评要实事求是，要抱着“惩前毖后、治病救人”的态度，不能出于任何私心和个人恩怨，既不能因为彼此关系好就避重就轻、“放人一码”，也不能因为个人狭隘私念而将问题扩大化，搞无谓纷争。三是要以理服人，摆事实讲道理，态度要诚恳，防止简单粗暴的倾向，对问题进行客观的分析，最好还能给出解决措施，着眼于帮助其他党员同志提升自我。

第二节　接受群众监督，在监督与约束中进步

密切联系群众是我们党的优良传统，任何事业离开了群众都是无法推进下去的。毛泽东曾说：“只有让人民来监督政府，政府才不敢松懈。只有人人起来负责，才不会人亡政息。”群众监督，是社会主义国家的一种最主要的监督方式，指公民个人和集体以及基层自治组织对行政机关及其工作人员的监督，是最广泛、最直接、最有效的监督。

群众监督是发挥社会民主的有效途径，也是监督、约束党员行径的有效方式。党员工作做得好不好、是否为群众办了实事、是否在工作当中发挥了实际作用，只有基层群众才有最真实的感受。让群众来监督党员工作，对于发现、纠正和整改违法违纪行为，加强党风廉政建设，遏制不正之风，具有重要意

义，有助于切实提升党员素质，促进党员快速发展。

民主评议党员不仅需要党员之间秉持实事求是的原则相互开展批评与自我批评，也需要把握民主公开的原则，充分听取党内外有关群众的意见，接受群众的监督。支部“三会”在民主评议党员时，也要接受群众监督，充分听取群众的声音，吸收群众的意见。

案例 陕西省吴起县吴仓堡采油队党支部：“码上监督”，走心又方便

（来源：吴采资讯微信公众号2021年10月29日）

长期以来，采油队工作和发展情况无法得到群众的真实意见和有效反馈，一直是困扰陕西省吴起县吴仓堡采油队党支部的老大难问题。经过反复讨论，吴仓堡采油队党支部决定采取线上网络途径，寻求群众意见与主张。吴仓堡采油队党支部开展“我为职工群众办实事”活动，开通“码”上直通车，广泛征求群众意见，把群众的需求放在第一位，关注职工群众实际生活当中的问题，并提供相应解决方案。

一站组一个“码”，拓宽渠道听民意。吴仓堡采

油队党支部为8个工作站、4个党小组一对一设置“网络连心箱”二维码，开通诉求、咨询、求助、建议4个通道，并将二维码张贴在职工群众一目了然的区域，确保群众可以及时扫码提意见。二维码设置的匿名性避免了“人情”尴尬，彻底打消了群众的顾虑，促使群众大胆地提问题、提建议。为推动二维码真正发挥作用，扫码平台微信小程序由专人负责，及时采纳并回复意见。

一意见一反馈，建立台账抓整改。接受群众批评监督、真正为群众办实事，不仅要高度重视、认真吸纳群众意见，更要以不遮丑、不回避的态度进行整改，并及时向群众反馈。吴仓堡采油队党支部结合“我为群众办实事”的实践活动，将收集到的所有问题、意见、建议定期进行归纳整理，建立问题清单和整改台账，将需要解决的事项再分配到相应的主管领导和对应单位，要求其认真研究解决方案，明确解决时限、经办人员和具体措施，真正抓好整改落实。

一个月一通报，强化落实促提升。为确保群众意见得到反馈，真正让群众知道党支部做了什么、如何做的，吴仓堡采油队党支部支委会成立督查组，对问题及意见的反馈落实情况开展专项督查，对各党小组落实情况进行不定期巡查，按月度向群众通报完成情况，同时通过量化考核及群众满意度测评等方式，对支部工作进行评议，评议过程和结果全程公开。评议结果与领导干部业务考核直接挂钩，办理成效不明显或群众不满意的党小组要求实行公开道歉并限期整改，切实提升工作人员的工作效率。

通过网络二维码意见箱，广大职工群众说出了平时不愿说、不敢说的心里话，纷纷表示以前不好说的问题，现在扫码就可以表达，还能及时给出解决办法。吴仓堡采油队党支部也实现了对党员及党员干部日常工作的有效监督，成功在党支部与广大职工群众之间建立起了有效的沟通渠道，不仅有利于解决群众实际问题，密切党群关系，也有利于监督促进党员发展，进一步加强党支部建设。

案例启示

支部“三会”在进行民主评议党员工作时，要善于倾听群众真实的声音，与群众之间建立有效的沟通渠道，邀请群众参与评议党员工作，及时回应群众意见，在采纳群众意见的基础之上对党员进行更加客观的评价。

1. 拓宽监督渠道，与群众进行有效沟通

很多党支部非常注重群众的意见和声音，在多个渠道分发调查表，设置意见箱，但是收到的反馈意见往往寥寥无几。群众是真的没有任何意见吗？当然不是，而是很多群众不愿提、不想提甚至不敢提。一方面群众缺乏对“有意见就提出来”的正确认识，觉得自己的意见不重要，无法收到有效反馈；另一方面群众对于提意见的后果“担惊受怕”，害怕被批评者或是领导干部找上门来“秋后算账”，所以不敢提。

想要真正倾听群众的意见，就必须打消群众“不愿说”“不敢说”的心理顾虑，争取与群众之间建立有效的沟通渠道。吴仓堡采油队党支部征求群众意见所设的二维码“意见箱”就是可效仿的有效举措。在长期无法得到群众意见的现实情况之下寻求网络途径，通过匿名扫码提意见的方式降低了群众的心理防线、打消了群众的心理顾虑，同时实行党务公开，确保群众知情权，让群众及时了解情况，切实提升了群众的参与感。其他党支部在开展民主评议党员工作时，也要注重拓宽群众的意见表达渠道，及时调整收集群众意见的途径，争取找到有效的沟通方式和交流对话的窗口，让群众的意见得到合理表达。可以通过在政府网站或单位网页设置匿名留言板，完善信访、举报制度，也可以分发匿名调查问卷表，还可以采取明察暗访、走访座谈、专题调研等多种形式调动群众力量、采纳群众意见。

2. 广纳群众意见，邀请群众积极参与

群众是党员工作的第一检验人，邀请群众参与党员工作评议，发挥群众的参与热情，是“开门搞活动”的表现，更是“把自己摆进去、把职责摆进去、把工作摆进去”的体现，有利于更好地保持党的先进性和纯洁性。

实践证明，群众监督和群众意见是最好的防腐剂，但光有意识是不够的，要从行动上尊重群众、相信群众、倾听群众意见。一方面，广泛采纳群众的意见。支部“三会”在评议党员时要广泛听取来自不同身份、不同行业的党外群众声音，汇聚各方面的意见和建议，只有这样才能发现不同角度的问题，得到关于党员的完整评价。另一方面，积极邀请群众参与进来。可以把群众邀请到会议当中，把党员置于群众的评价里去，不要害怕群众的肺腑之言戳中了党员的心窝子，丢了党员的面子，因为只有这样才能真正发现党员在平时工作、生活当中的问题，从而进行改进。

3. 听取群众意见，给予有效反馈

习近平总书记在省部级主要领导干部学习贯彻党的十九届六中全会精神专题研讨班开班式上强调："要用好'我为群众办实事'实践活动形成的良好机制，推动各级党组织和广大党员、干部满腔热情为群众办实事、解难事，走好新时代党的群众路线。"只有将群众的意见看在眼里、放在心里，不断为群众办实事，才能不断提升党员为民服务的水准，才能让群众有更多获得感、幸福感和安全感。吸取群众意见不能只是流于表面，更重要的在于反馈与落实，不能让群众提出的意见落地无声。群众提出意见和建议，内心是期待得到及时反馈或是得到解决的，倘若杳无音信只是走形式主义，势必会影响群众提意见的实际效果。要在征求意见之后，及时给予群众反馈，认真研究解决方案，公开落实进度，督促党员更好地服务群众。

吴仓堡采油队党支部在吸收群众意见的基础之上，高度重视群众的意见，并及时向群众反馈，以不遮丑、不回避的态度进行整改，打通了联系群众的"最后一公里"。支部"三会"在开展党员评议时要借鉴吴仓堡采油队党支部的举措，在收集群众意见之后及时听取群众意见并给予有效反馈。可以结合“我为群众办实事”的实践活动，将收集到的所有问题、意见、建议进行归纳整理，再分解到具体个人或具体承办单位，督促其做好整改落实。在给予群众有效反馈的同时，也要建立量化考核体系，由群众进行满意度测评，将评议结果同党员评议考核相挂钩，纳入年终考核体系。

第三节　开展表彰与处分，净化党内政治生态

党员是有共产主义觉悟的先锋战士，是普通群众的榜样和标杆，但并非所有党员都能在生活当中发挥表率作用。因此，必须贯彻全面从严治党的要求，严格党的组织生活，重视民主评议党员工作。支部“三会”在组织民主评议党员工作时，在经过党员自我评

价、党内评议和组织考察之后，要对评议党员做出表彰和处理。表彰先进，发挥先锋模范作用，处分不合格党员，清除腐败分子，从而提升党员素质，加强党员队伍建设，保持党组织的先进性，增强党组织的凝聚力和战斗力。

案例 江苏省南京市板桥社区党支部：党员冬训暨先进表彰大会

（来源：水墨板桥微信公众号2022年1月20日）

为深入学习习近平新时代中国特色社会主义思想，全面贯彻党的十九大、十九届历次全会和习近平总书记对江苏工作重要指示精神，进一步开展好党员教育培训工作，切实提高党员队伍整体素质，2022年1月19日，江苏省南京市板桥社区隆重召开2021年度社区党员冬训暨先进表彰大会。总结前一年工作，展望未来发展，表彰先进党员，发挥共产党员先锋模范作用，动员全体社区党员干部统一思想，凝心聚力，共建社区发展美好蓝图，进一步增强社区党组织的创造力、凝聚力和战斗力。

会议共分为五项议程。第一项，由板桥社区党总支书记传达街道冬训会议精神，领学冬训工作报告；第二项，由板桥社区党总支书记围绕社区党建、群团工作、文化宣传、综治信访、安全生产、卫生防疫、物业服务、小区建设等8个方面作2021年度社区工作总结报告；第三项，表彰先进，弘扬正气，表彰年度优秀党员；第四项，发动党员举行“慈善一日捐”募捐活动，为公益慈善事业献爱心；第五项，社区三个支部召开组织生活会，进行民主评议。

会上，为表扬先进，提高党员党性修养，发挥先锋模范带头作用，营造向先进学习的良好氛围，社区党总支副书记宣读了获得此次表彰的共产党员名单，对党建工作当中表现优秀的11位党员同志和“学习强国”年度分数排名前十的10位党员给予表彰。他们有的不辞辛劳、积极参加党建活动，在党建工作当中发光发热；有的充分利用“学习强国”这个党员党训的前沿学习平台，以App作为推动自身学习的有力抓手，学习多样内容。会议表彰他们为先进个人，社区党总支副书记向获得表彰的党员表示热烈祝贺，希望他们再接再厉，同时号召全社区的党员要向他们学习，以他们为榜样，既要坚持学习，天天学、持久学，又要学以致用，激发工作热情，积极投身于社区建设当中。

会议最后，社区的三个党支部分别进行了学习讨论，召开各支部组织生活会，进行民主评议党员以及评选各支部2021年优秀共产党员工作。各支部书记带头对照党章党规，检讨和反思自身在工作当中存在的问题，并明确指出整改方案。支部党员同志也纷纷发言，严肃认真地开展批评与自我批评，对自身缺点和不足进行自我揭露和自我反思，与其他党员同志交流意见，进行相互批评，理性思考寻求整改方向和解决方案，进一步锤炼党性。会议既增强了党支部凝聚力，又为推动社区发展提供了组织保障。

案例启示

支部“三会”在对党员做出表彰和处分时，一要充分调查核实，既要确定合适的表彰人选，又要实事求是地对党员做出处分决定；二要遵循制度规范，严格按照相关要求对党员进行表彰与处分；三要注重影响与反思，既要发挥优秀共产党员的先锋模范作用，又要做好警示教育工作。

1. 充分调查核实

支部“三会”在对党员进行表彰与处分之前，要充分联系实际，确定合理表彰人员，给予违纪党员恰当处分。要通过个人评价、党员互评、群众评议、谈心谈话等多种方式对党员的工作、生活情况进行多方面的考察。考察的主要内容包括：党员是否履行党员义务、正确行使党员权利、自觉遵守党的纪律，党员是否在工作、学习、生活当中发挥先锋模范作用，党员是否自觉维护人民群众利益、为人民群众服务，党员是否踏实完成本职工作、做出显著成就等情况。

对民主评议的好党员，由党组织通过口头或书面的形式进行表扬，对模范作用突出的党员，可以经过支部大会讨论，报上级党委批准，授予“优秀共产党员”称号。对违纪党员，党支部也要充分考察实际情况，坚持实事求是的原则，以对党的事业和党员本人高度负责的态度来做出决定。纪律面前人人平等，在党内，无论党员从事何种工作、担任什么职务，都要接受党的纪律约束，违反了党的纪律就要受到应有的处分，不允许有任何特殊的存在。对待犯错误、违法违纪的党员要讲证据，要把党员所犯错误的事实弄清楚，重视调查，要把错误发生的时间、地点、情节、后果以及产生错误的主客观原因都搞清楚。在对违纪党员进行具体处理时，要根据事实和党内法规认定违纪党员所犯错误的性质，结合犯错误党员的一贯表现和对待错误的态度，确定给予哪种处分。

2. 遵循制度规范

支部“三会”在对党员进行表彰和处分时，不能跳出规则的界限，要符合党内制度规范。党内表彰是一项十分严肃的工作，在推荐和评选工作中要发扬民主，增加透明度，采取自下而上、自上而下相结合的办法反复筛选，并在适当范围内广泛听取党内外群众意见，注意被评选党员的工作实绩和社会公论。党支部书记在评选过程中要尊重党员的知情权、选举权和被选举权，切忌个人说了算。党支部可以先提出候选人或初步意见，但一定要征得广大党员的认可，之后再进行优秀党员评选。优秀党员的评选一般每年组织一次，评选工作一般放在年中举行。优秀党员由各支部（总支）负责推荐，推荐优秀党员的数量原则上不超过本支部（总支）党员总数的10%。

支部“三会”在对违纪党员进行处分时，也要符合党内相关制度规范。《党章》第四十二条规定，对党员的纪律处分，必须经过支部大会讨论决定，报党的基层委员会批准，不允许个人决定处分党员。支部大会要在充分讨论的基础上做出处分决定，应当通知包括犯错误党员在内的全体党员参加，违反纪律的党员应当在支部大会上就自己的错误做出检查，同时也有权利对所犯错误做出说明和进行申辩。参加支部大会的其他党员应当对违反纪律的党员进行批评教育，对支部委员会草拟提出的处理意见表示自己的态度和看法，同时也可以为违反纪律的党员进行辩护。按照民主集中制原则，处分决定必须由应到会有表决权的党员半数以上同意方可通过。犯错误的党员亦有权参与表决。

3. 注重影响与反思

支部“三会”在评议党员，对党员做表彰与处分时，要关注表彰和处分的意义和影响，既要发挥出表彰党员的模范带头作用，又要注重党员处分的警诫效果。党内表彰是各级党组织通过先进典型的示范带头作用，教育、引导、激励党组织和党员，充分调动各级党组织和党员的积极性、创造性，弘扬正气，加强党组织和党员队伍建设的一种有效手段。支部“三会”进行党内表彰时既要鼓励优秀党员再接再厉，争取更大成就，更要尽最大可能宣传被表彰党员先进事迹，号召全体党员向优秀党员学习，激励全体党员向优秀党员靠拢，发挥优秀党员的向心力和带头作用。

对于违纪党员，做出纪律处分是为了使其知错就改，也是为了让其他党员引以为戒。因此，支部“三会”在进行党员处分时一定要秉持“惩前毖后，治病救人”的原则，通过现实案例警醒党员，引导党员进行反思，让广大党员心存戒心、明守底线，进而以党员标准严格要求自己，实现自我约束。

小　结

民主评议党员工作是党组织生活的重要组成部分，是提升党员素质、加强党组织建设、推进从严治党的重要举措，有利于加强党员教育、管理和监督，有利于推进党务公开、发扬党内民主、提高基层党组织工作透明度，有利于保持党的先进性和纯洁性。支部“三会”在民主评议党员时，要坚持实事求是、民主公开、人人平等的原则，在集中学习、谈心谈话、征求意见的基础之上，通过党员评议和党支部评定，表扬优秀党员，评定不合格党员，进而锤炼党员党性修养，强化党员信念，提高党员队伍的整体素质，增强基层党组织的凝聚力、战斗力。

本章主要聚焦支部“三会”对党员进行管理监督的任务和职能，围绕民主评议党员这一重要议题展开，从批评与自我批评、接受群众监督、表彰与处分三个方面进行论述，挑选和分析各行各业的优秀案例，为支部“三会”开展好民主评议党员工作提供借鉴。在开展批评与自我批评时，支部“三会”必须从团结的愿望出发，坚持实事求是的原则，引导党员讲真话、讲实话，本着“治病救人”的心态，大胆指出自己及他人身上存在的问题；在收集群众评议意见、接受群众监督时，支部“三会”要着力打破群众的心理设限，构建多样的有效沟通渠道，采纳群众的意见并及时给予反馈；在开展表彰与处分时，支部“三会”要在遵循党内制度规范的基础之上，联系现实情况，把握基本原则，注重发挥被表彰的优秀党员的模范带头作用以及被处分党员的警戒教育作用。

第五章

借鉴成功经验，提升支部『三会』开展质效

概　述

古人云：“夫以铜为镜，可以正衣冠；以史为镜，可以知兴替；以人为镜，可以明得失。”毛泽东曾言：“把别人的经验变成自己的，他的本事就大了。”可见最好的进步途径，就是借鉴历史过程中他人的成功经验。2021年2月20日，习近平总书记在党史学习教育动员大会上强调：“我们党的一百年，是矢志践行初心使命的一百年，是筚路蓝缕奠基立业的一百年，是创造辉煌开辟未来的一百年……回望过往的奋斗路，眺望前方的奋进路，我们必须把党的历史学习好、总结好，把党的成功经验传承好、发扬好。”我们要注重从党的历史和党的成功经验中汲取开拓前进的智慧和力量。

1847年，马克思、恩格斯在《共产主义者同盟章程》中对党内的权力机关、权力关系、组织原则和基层支部的活动方式等进行了明确规定，要求“支部、区部委员会以及中央委员会至少每两周开会一次”，“盟员至少每三个月同所属区部委员会联系一次”等。这是关于党的会议制度的最早规定。列宁在创建俄国社会民主工党的过程中，曾明确主张，党是有组织的整体，党员不但要承认党纲，更要“亲自参加党的一个组织”。1929年《古田会议决议》要求“从党内教育做起”，通过党报、简报、小组会、支部会、党员大会、政治讨论会、参加实际工作等教育方法，来解决“思想上建党”的问题。延安整风时期，中共中央《关于增强党性的决定》提出了加强组织纪律性、开展批评与自我批评、领导干部必须参加党组织生活等一系列增强党性的要求，使得全党经受了一次严格的党内生活锻炼，“三会一课”制度也得以丰富和发展。回顾历史不难发现，中国共产党在党内相关会议制度的确立方面，充分借鉴了马克思、恩格斯、列宁等人的会议制度思想及实践经验。

党的组织生活是严肃且多样的，对于支部“三会”而言，可以借鉴组织生活会、主题党日活动以及“四议两公开”工作法的成功经验，创新会议开展模式，有效提升会议开展效率，提高党的组织生活质量。

第一节 召开专题组织生活会

组织生活会制度和“三会一课”制度都是党的组织生活制度，都能够统一党员思想，增强党员党性修养，加强党支部建设。中国共产党支部工作条例中规定，党支部每年至少召开一次组织生活会，一般安排在第四季度，也可以根据工作需要随时召开。专题组织生活会以会议主要内容作为当次会议的专题进行研讨，以交流思想、总结交流经验、开展批评与自我批评为中心内容，是加强党的思想作风建设、有效实行党内监督，改进作风，增强团结，保证党的路线、方针、政策和决议有效贯彻执行的重要途径。支部“三会”可以借鉴专题组织生活会的成功经验，提高会议开展质量。

案例　中国电信云南公司：奏好党史学习教育专题组织生活会“三部曲”

（来源：学习强国中国电信平台2021年8月24日）

为贯彻落实中共云南省委党史学习教育领导小组办公室和中共云南省委组织部《关于在党史学习教育中组织召开专题组织生活会的通知》精神，2021年7月10日至8月20日，中国电信云南公司270个基层党支部按计划组织召开主题为“学党史、悟思想、办实事、开新局”的专题组织生活会，各级公司党支部从抓准会前、会中、会后三个关键环节，奏好了专题组织生活会的“三部曲”。

弹好“前奏曲”，为开好会议打牢坚实的思想基础。一是在会议召开之前，中国电信云南公司各级党支部充分利用集中学习和党员自学等多种形式深入开展党员学习研讨活动，为专题组织生活会打好基础。各党支部组织党员集中学习《论中国共产党历史》《毛泽东　邓小平　江泽民　胡锦涛关于中国共产党历史论述摘编》《习近平新时代中国特色社会主义思想学习问答》《中国共产党简史》等指定学习材料，坚持读原著、学原文、悟原理；深入学习贯彻习近平新时代中国特色社会主义思想，认真学习领会习近平总书记在党史学习教育动员大会、庆祝中国共产党成立100周年大会上的重要讲话。二是紧扣专题组织生活会的主题，广泛听取意见，开展谈心谈话活动。在党支部委员之间、党支部委员与党员之间普遍进行谈心谈话，聚焦于主题，既要谈参加党史学习教育的收获体会，又要谈学史明理、学史增信、学史崇德、学史力行方面的差距与不足，通过谈心谈话交流思想、统一意见，为开展专题组织生活会打下良好基础。

唱响“进行曲”，在会议中动真碰硬，找准问题，抓好批评与自我批评关键环节。中国电信云南公司机关党委委员、各级党委委员分别到挂钩指导支部参加专题组织生活会，带头开展批评与自我批评，为党员做出示范和表率，确保各支部高标准高质量开好专题组织生活会。各位党员把组织生活会当作一次政治体检，重点从学史明理、学史增信、学史崇德、学史力行四个方面检视问题，提出的批评意见客观公正，有什么问题就说什么问题，不讲空话套话，不搞一团和气，既要对准人又要对准事，自我批评也要不怕丑，讲自己的缺点不回避、不遮掩，把自己的问题讲清楚，把问题根源讲透彻。

高奏“交响曲”，抓好专题组织生活会会后问题落实整改措施。一是制定问题清单抓整改。会后各支部、党员在全面梳理问题、剖析症结的基础上，制定问题整改清单、整改措施，并明确公开整改事项、完成时限，从根本上解决问题，而不是“做样子”。二是整改落实提实效。党员根据自己的问题清单、整改措施按期呈报上级反馈，通过公示整改清单接受群众监督，推进问题整改落实落地。支部纪检委员定期督查，防止“旧疾复发”。

党的组织生活是党内政治生活的重要内容和载体，是党组织对党员进行教育管理监督的重要形式。中国电信云南公司以此次专题组织生活会为契机，从过好党的组织生活为起点，开展好各项活动，不断推动习近平新时代中国特色社会主义思想落地生根，传承和发扬好中国共产党人的伟大精神，充分发挥基层党组织的战斗堡垒作用。

案例启示

专题组织生活会的开展，对于加强党员教育监督管理、增强党组织活力、严肃党内政治生活具有重要意义，为提高支部“三会”开展质量提供成功经验。中国电信云南公司各级党支部开展专题组织生活会的案例启示我们，支部“三会”在开展过程中，既要抓好会议关键环节，又要注重弘扬先进典型，发挥榜样力量。

1. 抓好会议关键环节

中国电信云南公司各级党支部在开展专题组织生活会时，都能够结合组织生活会学习教育的主题，联系各党支部的工作实际，抓好会前、会中、会后三个关键环节。在会前组织党员开展个人学习、集体学习以及广泛的谈心谈话，为专题组织生活会提前做好思想工作，打下坚实的基础；在会中能够硬碰硬，切实讨论问题，营造良好讨论氛围，提出有效可行措施；在会后注重监督与落实，拒绝表面功夫，通过自我鞭挞、支部督查和群众监督，推进问题整改落实落地。

“抓牢抓好关键工作，落实落细重点工作”是确保成果实效最大化的工作法则。支部“三会”要通过抓好关键环节、落实重点工作，号召全党人员凝心聚力、同心同向，有效解决工作当中的重点问题。具体来说，要抓好会前、会中、会后这三个关键环节，在会议开始前围绕会议主题对党员进行相关教育、开展谈心谈话，鼓励党员做好充分的准备工作，从而在会上做到胸有成竹、言之有物、建言献策；在会议开展过程中要落实落细重点工作，围绕重点问题进行讨论，给予党员发言空间，充分听取党员意见，在良好的讨论氛围中提出好的建议和措施；在会后要真正将会议当中讨论得出的结果进行深化落实，确保支部“三会”开展的实效。

2. 注重发挥榜样力量

“伟大出自平凡，平凡造就伟大”，身边的榜样事迹往往真实、亲切、可信、感人，最具感染力和号召力。支部“三会”要注重通过评选和弘扬先进典型教育、引导、激励党员，一方面是评选日常工作当中的典型事迹，另一方面要积极组织集体实践活动，让党员们和先进典型共事，以亲眼所见、亲耳所闻、亲身经历去感悟榜样的精神，并从中汲取力量、奋发进取。

第二节　开展主题党日活动

《中国共产党支部工作条例（试行）》第十六条规定：“党支部每月相对固定一天开展主题党日，组织党员集中学习、过组织生活、进行民主议事和志愿服务等。主题党日开展前，党支部应当认真研究确定主题和内容；开展后，应当抓好议定事项的组织落实。”主题党日是党内组织生活的重要形式，是我们党在长期的革命、建设和改革历程中积累的加强党支部建设的宝贵经验，是加强党员教育管理、增强党员党性修养的有效途径。支部“三会”可以通过借鉴主题党日活动开展的成功经验，提高会议开展质效。

案例　青海省海北州门源县：创新“1+5+X”模式，主题党日活动走“新”更走心

（来源：“青海党建”微信公众号2021年12月1日）

为进一步增强党日活动实效，强化基层党组织建设，规范党内政治生活，发挥好党支部战斗堡垒作用，青海省海北州门源县创新“1+5+X”模式开展主题党日活动，切实提高党组织活动的吸引力，全面提升党员队伍的精气神。

确定“1”次主题，提升党员参与度。支部主题党日活动，每月固定开展一次，每次都需要明确主题，紧扣“两学一做”内容，结合支部任务和党员工作实际，把思想和工作摆进去，让党员每次都有参与感和收获感。青海省海北州门源县各党支部在明确党日活动主题时，将主题党日活动与党支部的日常工作、业务工作进行有机融合，以开放式主题形式为基层党建活动注入新活力，如县委党校党支部开展“岗位大练兵”教职工新课试讲主题党日活动，退役军人事务局党支部联合农商银行党支部开展“同心同德抓双拥　齐心协力促发展”主题党日活动，通过多样的活动主题不断提高党员在党日活动中的参与度，实现由“被动参与”向“主动参与”的转变。

明确“5”项动作，增加党员参与感与仪式感。第一项，统一组织学习。在学习内容方面，结合党支部阶段重点工作安排，将习近平新时代中国特色社会主义思想、习近平总书记重要讲话精神以及中央和省州县的重要会议、文件精神列为重点学习内容；在学习形式方面，一是充分利用青海省党员干部现代远程教育平台、“青海党建”系列平台等新媒体形式，将学习教育活动贯穿在党员日常生活当中，增强学习教育的及时性和互动性。二是各级党员领导干部带头学，到所属党支部开展“人人讲党课”活动，提升党员在学习教育活动当中的参与度，进一步营造良好的学习氛围。第二项，统一交纳党费。按期足额交纳党费是党员最基本的责任与义务，青海省海北州门源县各党支部通过现场交纳党费的活动形式唤醒党员的党性意识，增强党员的归属感，提高党员的政治觉悟。第三项，统一建立党员“一人一档”。党章第八条规定：“每个党员，不论职务高低，都必须编入党的一个支部、小组或其他特定组织，参加党的组织生活，接受党内外群众的监督。”青海省海北州门源县各党支部为做好党员党组织关系的接收和管理工作，确保每个党员都能够正常参加党组织活动，统一建立党员“一人一档”，将党员个人参与组织生活会、“三会一课”、主题党日活动等学习教育活动的详细情况在党组织生活《一本纪》当中如实记录。第四项，统一建立支部台账。党支部工作台账的建立与管理是各级党组织开展党建工作的真实记载，是实现党组织党建管理科学化、规范化的基本要求。青海省海北州门源县各党支部建立以党支部工作记录簿和党支部会议记录簿“两簿”为主的基层党组织工作台账，切实提高了基层党建工作质量和整体水平，为推进党支部规范化建设提供有力支撑。第五项，统一开展便民服务。结合“我为群众办实事”等活动，组织党员参与到义诊、为敬老院老人送去关爱、点亮社区群众微心愿等形式多样的便民服务中去，既增强了党员的责任担当意识，又真正为群众办了实事，将主题党日活动延伸到了群众身边。

丰富“X”个活动，增强支部凝聚力。为确保党支部主题党日活动质量，提高党员的积极性和参与热情，青海省海北州门源县各党支部开展了内容及形式多样的主题党日活动。有将主题党日与廉政警示教育、疫情防控、环境卫生整治、弘扬传统文化等工作相结合开展的特色主题党日活动，也有组织党员参观红色教育基地、观看红色影片的主题党日活动，还有开展党员志愿服务、党员到社区为群众做实事等联系群众、服务群众的活动。这些丰富多样的活动进一步增强了主题党日活动的吸引力，增强了党组织的凝聚力。

案例启示

主题党日活动内容丰富多样，形式生动有趣。支部“三会”可以借鉴主题党日活动这种既突出严肃性又不缺乏趣味性的活动形式，让党员在参加集体活动的过程中，增强对党组织的归属感，提升党组织的凝聚力、战斗力。

1. 借助红色资源，传承红色基因

红色资源是指包括革命旧址、革命事迹、革命精神等在内的资源，是中国共产党领导人民在革命、建设和改革过程中留下的宝贵财富，是党员学习教育最生动的教材。2021年3月，习近平总书记在参加十三届全国人大四次会议青海代表团审议时强调：“在党史学习教育中，要充分运用红色资源，教育引导广大党员、干部坚定理想信念、筑牢初心使命，不断增强斗争精神、提高斗争本领，做到在复杂形势面前不迷航、在艰巨斗争面前不退缩。”

支部“三会”可以在会议当中邀请党员分享红色故事，通过搜集、挖掘、聆听百年党史中的红色故事，传承红色基因；也可以通过排演话剧、文艺演出等新颖的形式，让党员潜移默化地汲取红色资源中的精神力量；还可以充分利用当地红色资源，组织党员实地参观革命根据地、革命纪念馆等红色旅游景点，让党员们在革命旧址里接受红色精神的洗礼，增强使命与担当。

2. 创新主题，增强党的组织生活活力

主题党日活动拥有较大的灵活性，能够在活动主题、内容、形式等方面进行创新，近年来，生动有趣的主题党日活动愈发受到广大党员和群众的欢迎与喜爱。青海省海北州门源县基层党支部将主题党日活动与党支部的日常工作进行了有机融合，创新“1+5+X”的主题党日活动模式，以开放式主题形式为基层组织生活注入新的生机与活力。

支部“三会”可以借鉴主题党日活动开展的方式，创新会议主题，增强会议的灵活性和生动性。既可以根据当前学习任务，开展政治理论学习；也可以联系群众，结合为群众办实事的活动，确立会议主题；还可以结合各党支部工作实际，开展与业务相关的会议。总之，要尽可能地创新会议主题，激发党员动力，增强党的组织生活活力。

第三节　落实“四议两公开”工作法

“四议两公开”工作法是在村党组织领导下对村级事务进行民主决策的一套基本工作程序，是新形势下健全村党组织领导的充满活力的村民自治机制的新鲜经验，是基层在实践中探索创造的一个行之有效的工作方法，自2004年发端于河南南阳以来，备受中央肯定，在全国范围内实行推广，深受党员、干部、群众的喜爱与欢迎。其中，“四议”是指村党支部会提议、村“两委”会商议、支部党员大会审议、村民代表会议或村民会议决议，“两公开”是指决议公开、实施结果公开。支部“三会”可以从“四议两公开”工作法这一基层实践方案中挖掘、学习成功经验，充分听取群众的声音，注重讨论过程公开、决议公开和实施结果公开。

案例　河南省南阳市："四议两公开"再度创新——线上工作法的探索与实践

（来源：《河南日报》2021年12月27日）

2004年，"四议两公开"工作法发端于河南省南阳市邓州市，不仅便捷了当地各项事务的管理，也引发了全国范围内的广泛关注。2009年4月，时任中共中央政治局常委、中央书记处书记、国家副主席的习近平在河南考察调研时，对"四议两公开"工作法给予高度肯定，随后做出重要批示，要求加以完善并在更大范围内推广。此后十余年间，习近平总书记多次对"四议两公开"工作法做出重要指示，中央多次要求在全国农村推行"四议两公开"工作法，将其4次写入中央一号文件。"四议两公开"工作法在实行村务公开、民主管理的时代背景之下，在加强党的基层组织建设、推动基层民主政治建设、密切党群联系和促进农村改革发展稳定等多个方面发挥了重要作用。

2021年，全国人民的目光再次聚焦到"四议两公开"工作法这一开展农村工作的重要法宝上来。5月13日，习近平总书记考察调研河南省南阳市时指出，要发挥好基层党组织的作用和党员干部的作用，落实好“四议两公开”，完善村级治理，团结带领群众向着共同富裕目标稳步前行。随后，省委、市委相继提出了创新拓展“四议两公开”工作法的时代课题。历经十余年的运用和推广，从河南省南阳市走出来的“四议两公开”工作法经过不断发展和创新，历久弥新，再一次在河南省南阳市焕发出了蓬勃生机和活力。

当前，我国农村正处于深刻变化和调整时期，“四议两公开”工作法在具体落实过程中存在很多新问题，面临诸多新挑战。以河南省南阳市新野县为例，全县1.9万余名农村党员当中，有6070名党员在外，大约三分之一的党员无法经常参加党的组织生活，致使各项事务的议事决策没有代表性，在表决人数达不到法定比例的情况之下，决议结果无法生效。在这样的形势之下，“四议两公开”工作法亟待创新，建立一套与现状相匹配的基层工作运行机制，“四议两公开”线上工作法应运而生。

2021年5月，出于农村形势变化的现实考量，在河南省委、南阳市委创新拓展“四议两公开”工作法的推动之下，河南省南阳市新野县谋划启动了“四议两公开”线上工作法的探索与运用。新野县下拨党费、党建经费50万元用于支持试点建设，成立“四议两公开”工作法线上运用领导小组，按照明确时间表、任务书、路线图进行试点推广，逐步施行，并在推广过程中不断发展完善。经过几个月摸着石头过河，大胆探索实践，2021年8月18日，这一工作法开始在全县推广。

所谓“四议两公开”线上工作法，就是通过搭建一个线上平台，架起一座便于干群有效沟通的桥梁。通过中原银行技术支持，打造并依托“乡村在线”App，推广全市党员及市民下载使用，把“四议两公开”工作法从线下搬到线上。在家的党员和村民代表按照议事程序在会议现场进行投票审议决议；在外的党员和村民代表则在审议决议期内，利用空闲时间，通过“乡村在线”App的“四议两公开”模块进行线上审议决议，实现线下议事和线上议事相结合。线上“四议两公开”的使用与推广，既促进村里决策程序更加科学化、决议结果更加透明化、监督途径更加便捷化，也赋予了“四议两公开”工作法新活力，有利于推进基层社会治理现代化。

河南省南阳市新野县汉城街道位于县城东部核心

区，集中了县产业集聚区、医院、商业中心、6所中小学、7个商住小区，横跨2个办事处、6个社区，常住人口7万多人，管理难度大、服务设施跟不上等问题日益凸显。新野县汉城街道为解决这些突出问题，使用“四议两公开”线上工作法，在“乡村在线”App植入“一征三议两公开”工作模块，线上线下征求党员和群众代表意见，在收集意见的基础之上，经县委组织部统一协调，整合街道及社区力量，解决城市发展痛点，共同建设党建综合体——“梦想乐园”，成立社会治理联合党委，为群众休闲娱乐、阅读学习、反映意见、民主协商提供场所。“梦想乐园”建立以后，附近居民午饭后经常来这里散步、健身、阅读，也经常来这里反映意见、建议，短短两个月以来，协商解决各类事项71件，群众满意率100%。

自从新野县大胆探索推行“四议两公开”线上工作法以来，已顺利解决多项议事议题，包括新野县新甸铺镇新南村的白河护坡工程，新野县歪子镇棉花庄村修柏油路、铺设农田管网、修下水道、流转土地等事务。

案例启示

“四议两公开”工作法将党的领导贯穿于村民自治的全过程，既保障了党领导的核心地位，又发挥出村委会群众议事的作用，实现了党的领导和村民自治有效融合。支部“三会”在开展过程中，可以借鉴“四议两公开”工作法的成功经验，一方面要充分听取群众的呼声，另一方面要注重讨论过程公开、决议公开和实施结果公开。

1. 充分听取群众的呼声

当今社会发展迅速，群众的自主意识不断提升，群众需求不断多样化，基层社会治理面临诸多新问题。河南省南阳市新野县汉城街道成功运用“四议两公开”工作法处理多项事务，始终秉持着群众的事情群众商量着办的原则，尽可能广泛地征集民意，知晓群众愿望，按照群众意愿协调办理事务，尽可能避免民众矛盾纠纷，朝着民事民议、民事民办、民事民管的方向发展，有效提升了基层社会治理水平。支部“三会”在开展相关工作时，要充分借鉴这些成功经验，尽可能地收集群众的意见，研究分析群众的思想、工作和生活等方面的情况，及时向党组织反映群众意见和要求，听取群众的呼声，维护群众的正当利益，密切同群众之间的联系。

2. 过程公开、决议公开和实施结果公开

“四议两公开”工作法要求事务决议形成之后，将决议与实施结果进行公布，接受群众的监督和意见反馈。河南省南阳市新野县适应农村变化推出线上工作法的新举措，第一时间推送事务信息到注册用户手机当中，让更多的党员和群众通过线上App参与到村级事务议事决策当中，让决议和实施结果变得更加公开透明。支部“三会”在开展过程中也可以借鉴“四议两公开”线上工作法，实行议事过程公开、决议公开和实施结果公开，将行政事务最大程度公开，既可以全程接受人民群众的监督，又有利于推动支部“三会”开展逐步走向制度化、规范化。

小 结

支部“三会”借鉴优秀支部开展工作的成功经验，能够注入新的活力。本章聚焦组织生活会这一组织生活制度、主题党日活动这一组织生活有效载体和“四议两公开”这一项基层工作法，挑选不同区域不同行业特色案例，并从中归纳总结经验做法，为拓展支部“三会”开展形式、提高支部“三会”开展质量提供启示与借鉴。

想要开好支部“三会”，过好支部组织生活，要抓好关键环节，以榜样力量带动党员奋发前进。中国电信云南公司各级党支部在开展组织生活会时，始终秉持着抓牢抓好关键环节，落细落实重点工作的原则，从会前、会中、会后三方面着手，在推动党支部实际工作发展上下功夫。想要增加支部“三会”吸引力，就要创新会议主题，借助当地资源丰富活动形式，给予党员全新的参与体验。青海省海北州门源县基层党支部创新“1+5+X”的主题党日活动模式，在联系工作实际的基础之上开展多样特色主题活动。想要提升支部“三会”在基层的开展实效，可以借鉴“四议两公开”工作法。河南省南阳市新野县汉城街道运用“四议两公开”工作法，充分调动群众的实际参与，并将决议过程、决议结果公开，有效提升基层社会治理。

归纳专题组织生活会、主题党日活动以及“四议两公开”工作法的经验不难发现，支部“三会”既要根据不同时期重点任务，结合党支部工作实际确立会议主题，又要关注党员发展需求，以促进党员思想和能力进步为根本目标规划会议内容，还要注重关注群众需求，充分听取群众意愿，才能促进支部“三会”的开展质效提升。

第六章

创新会议形式，焕发支部『三会』新活力

概　述

对于一场会议而言，形式和内容都是非常重要的，只重内容不重形式或只重形式不重内容的做法都是不对的。从辩证法的角度看，会议内容和会议形式是一对既相互对立又相互统一的基本范畴，会议内容是会议中一切内在要素的总和，形式则是这些会议要素的结构和组成方式。会议内容决定会议形式，会议形式服从会议内容，并随着会议内容的变化而变化。会议形式对会议内容具有反作用，会议形式适合会议内容，就增强会议内容的开展效果，反之，则会阻碍会议内容效用的发挥。

近年来，在具体实践过程中，绝大部分基层党组织开展了内容丰富、形式多样的支部会议，吸引了广大党员的参与，增强了基层党组织的凝聚力和战斗力。但是仍有少部分基层党组织在开展支部“三会”

过程中存在不少问题，其中非常重要的一项就是会议形式不适合会议内容，缺乏创造力与吸引力，降低了会议内容的实效。譬如，开展以政治理论学习为主要内容的会议，倘若只选择单一又死板的我说你听式的宣读文件形式，无疑会减少党员的学习热情，降低党员的学习质量，如果不善于使用新媒体等党员乐于使用的会议开展新形式，也会挫伤党员的参与积极性，影响支部会议的开展效果。

因此，想要真正打造新颖、活力、质量、效率并存的支部“三会”，就必须在创新会议形式方面多下功夫，将支部会议从原有固定的模板“套路”中释放出来，采取一些灵活多变的新颖形式，给予党员眼前一亮的实感，调动与会成员的积极性，焕发支部“三会”新活力。在会议形式创新方面，一是要转变会议开展理念，要在符合会议主题的基础上为会议的举办方式提供更多的可能性；二是要创新会议手段，可以利用当前先进的科技手段，搭建互联网平台，使用网络媒体开展会议；三是要创新会议模式，通过线上线下联动调动党员的积极性，真正开展省时省力又见成效的支部“三会”。

第一节 理念转变，会议不仅在书桌

支部“三会”一直是基层党组织加强党员教育、管理与监督的重要途径，但是随着时代的变迁，传统单一的会议形式已不能完全适应当今时代的现实工作需要，亟须进行理念上的创新与转变，打破传统认知，跳出陈旧的宣讲模式，关注党员诉求，适应时代需求。近年来，不少党支部围绕会议开展过程中存在的实际问题，提出了一系列创新理念进行改造，有效推动了支部“三会”的特色化、规范化和实效化，提高了支部“三会”的吸引力。

案例 江西省瑞金市："四化"联动转变支部“三会”开展理念

（来源：《中国组织人事报》2017年3月8日）

社会发展新常态下，我国既处于重要战略机遇期，也面临诸多矛盾相互叠加的严峻挑战。在党支部组织生活方面，基层党支部“三会”形式缺乏创造力、内容不够饱满、只图走过场而导致的会议效果不佳等问题也逐渐凸显。为切实解决这些问题，江西省瑞金市通过转变党员理念、转变工作理念、转变形式理念和转变管理理念四项途径转变支部会议开展理念，联动推进支部“三会”特色化、实效化、载体化、规范化，严肃党内政治生活，使江西省瑞金市的基层党支部组织生活重新焕发出生机与活力。

其一，转变党员理念，发挥支部“三会”教育功能，推进支部“三会”特色化。在以往的支部“三会”开展中，作为会议主体的党员参与感并不高，即使是在以学习教育为专题的会议中，也往往是由党员领导干部枯燥地宣读文件，其他党员却在“走神睡大觉”。江西省瑞金市通过改变支部“三会”教育形式，转变党员的被动参与理念，促使党员由被动参与转向主动参与。以支部“三会”的党史学习教育来讲，江西省瑞金市就一改以往单向灌输的会议形式，立足于本土红色资源，以“传承红色基因，当好红色传人”为主题，定期开展红色文化“学讲唱演传”活动，通过现场教学、情景演绎等多种形式调动党员的主动性，将学习教育的舞台交还给党员自己，引导党员们从“幕后”走到“台前”，学习红色历史、讲解红色故事、歌唱红色歌谣、演绎红色节目、传承红色精神，真正将党员们由被动接受转变为主动学习，有效推进了支部“三会”的特色化。

其二，转变工作理念，发挥支部“三会”加强党支部建设的效用，推进支部“三会”实效化。支部“三会”是党支部组织生活的重要内容，对于加强党支部建设，提高基层党组织战斗力具有重要作用，但是不少支部在落实过程中存在为了学习而学习、为了开会而开会等无目的、无意义式的会议开展现象，既无法发挥出支部“三会”的应有效果，也挫伤了党员的参与积极性，影响了基层党组织在群众当中的形象。江西省瑞金市为避免此类会议的泛滥，着力于转变会议工作理念，将工作理念转变到为人民群众办实事、解决实际问题上来，在每次支部“三会”开展前树立问题导向意识，确保每次会议的开展都有问题可讨论、有意见可征集、有事件可实施，坚持每次会议都要做到“学习一个专题，解决一个问题，提升一项工作”，从而变无效会议为有效会议，真正发挥出支部“三会”应有的效果。

其三，转变形式理念，实现支部“三会”的规范化开展，推进支部“三会”载体化。在以往的支部“三会”开展中，往往是由党员领导干部组织党员同志们在会议室展开工作，会议形式相对固定，也比较呆板，一来比较容易激发党员的逆反心理，降低党员的参与积极性，二来也经常遇到党员因有事无法参加会议或流动党员较难管理，导致会议到会人数不足，决议不生效等问题。江西省瑞金市为避免以上情况，通过丰富支部“三会”会议载体的方式来推动实现支部“三会”的规范化开展。丰富实体载体，建立支部党建宣传广场、党建工作室、文化阅览室等多个便于党员议事、学习研讨、休闲娱乐的活动场所，在党小组设立党员之家，制作党员风采专栏、勤廉文化楼道、警示教育展板等新颖载体；丰富网络载体，线上线下相结合，充分利用新媒体技术平台开好支部“三会”，建立党员干部QQ群、微信群、微信公众号，深入开展“微会议”“微党课”学习教育活动，等等；丰富实践载体，搭建党员线下实践渠道与平台，建立联系群众日、志愿服务日、党员教育日等支部“统一活动日”制度，定期组织志愿服务活动。

其四，转变管理理念，实行有痕监督与管理，推进支部“三会”规范化。以往的支部“三会”工作台账管理还存在诸多不足，不少基层党支部钻制度的漏洞，以应付了事的形式填写台账。要想推动每一场支部“三会”都规范有效，就必须实行严格的监督与管理。江西省瑞金市委转变对会议的管理理念，特意为支部“三会”制定了全年“路线图”“时间表”和“任务书”，将支部“三会”与“每周一学”活动有机结合起来，确保每周的会议开展都有实际内容，还按照“一会一档”的方针，对支部“三会”相关内容进行全方位纪实，并进行相应的监督与考察，不仅确保了支部“三会”的规范化开展，也成功促进了党支部组织生活的严肃化、实效化。

案例启示

通过归纳江西省瑞金市为提高支部“三会”质效而采取的一系列举措不难得知，创新会议形式，首先需要转变会议理念，真正意识到会议不仅在书桌。

1. 转变会议理念

江西省瑞金市在提升支部“三会”开展质效时着力转变会议理念，从转变党员理念、转变工作理念、转变形式理念和转变管理理念四个方面着手，通过将会议主动权交到党员手中、在会议开展中培养党员的问题导向意识、丰富会议的多样载体、制订全年会议工作计划等方式，改善了传统会议开展中出现的党员参与度低、因缺乏工作目标而走向形式主义、形式落后无法吸引党员、管理制度落后导致监督落实差等一系列问题。其他支部可以借鉴江西省瑞金市的做法，从转变思想理念抓起，一是要把话筒交给普通党员，让党员们在意识到自己主动权的基础之上积极踊跃地参与到支部“三会”当中去，为多样会议形式的拓展提供新思路、新动力；二是要树立会议开展的问题意识导向，避免形式主义，确保每次会议的开展都要聚焦解决某项问题或任务；三是要充分认识到管理与监督的重要性，确保支部“三会”的常态化、规范化、优质化开展。

2. 会议不仅在书桌

会议不仅在书桌是指支部“三会”的开展地点、开展形式不仅仅局限于会议厅，不仅仅局限于室内枯燥的理论学习。实践证明，支部“三会”完全可以走出会议厅，通过线上线下联动丰富会议载体，增强会议效果。线上要充分发挥新媒体技术优势，搭建沟通渠道，便利党员之间的交流讨论；线下要多组织实践活动，让党员在实践当中亲身经历、亲自感悟。

第二节　平台孵化，全程监督整作风

随着新媒体技术的发展、移动数据终端的使用，借助网络平台实现信息推广已经成为时代趋势和必然选择，以微信、QQ、“学习强国”为代表的平台已成为当前开展党支部工作的重要载体，对于丰富党组织生活具有重要作用。为进一步便利支部“三会”的开展、提高支部“三会”的吸引力，不少地区的党组织不断探索新的会议形式，推进平台孵化，利用当代互联网技术和新媒体技术，在党支部内部搭建起一个线上工作平台，鼓励党员注册并使用，便利党员之间的沟通交流以及党支部的线上工作开展，取得了良好效果。

案例　广西壮族自治区南宁市武鸣区：依托直播平台　大力提升支部“三会”质量

（来源：八桂先锋网2018年11月30日）

广西壮族自治区南宁市武鸣区共有13个镇，219个村（社区），农村党组织806个，农村党员12663名。由于城区与村点，村点与村点之间距离较远，相对分散，农村党员数量多，文化程度偏低还具有老龄化倾向，导致支部“三会”在实际开展过程中存在一些问题，主要表现在以下几个方面：一是“想干好”却“干不好”。党的十九大以来，全面从严治党、党要管党等政治理念深入人心，南宁市武鸣区党员领导干部端正个人思想态度、提高政治觉悟，也想要尽力开好支部“三会”，但是部分村级党员领导干部年龄较大、知识水平不够，政治理论水平和党建能力也有所欠缺，在开展支部“三会”时难免不具备开创性，无法吸引年轻党员的注意力，开展效果不佳。二是“重指派”却“轻落实”。南宁市武鸣区的村级党组织普遍反映，上级（镇党委）对支部“三会”工作的督查工作不够细致，往往只着重要求“做了什么”，会议是否开展了，对于“怎么做”，会议是如何开展的则不够重视，这样难免导致部分村级党组织在开展支部“三会”时重形式而轻内容，只为了会议记录而随意开展。三是“集体学”和“集中难”之间的矛盾。南宁市武鸣区各村落之间距离较远，党组织之间较为分散，党员的分布也比较广泛，很难组织调动全区党员集中开会或参与学习。

鉴于上述原因，结合党的十九大报告当中所指出的“善于运用互联网技术和信息化手段开展工作”的工作理念，南宁市武鸣区充分借助信息技术和互联网优势，打造出了一个覆盖全城区13个镇219个村（社区）站点且具备影音直播、双向互动等功能的“远教云课”直播平台，并利用该平台不断推动村级党组织支部“三会”的有效开展，通过筑牢线上线下两大活动阵地，实现新时代党员教育管理手段创新发展。

针对支部“三会”开展不规范的问题，制定线上支部“三会”流程。为确保各村级党组织支部“三会”的常态化开展，南宁市武鸣区研究制定了与支部“三会”相匹配的直播平台流程，要求各镇党委每月至少使用“远教云课”直播系统开展一次支部“三会”，可将“三会”与“党课”协同开展。在具体流程方面，会前三天，各村（社区）提前召开会议，讨论相关事宜，确定村（社区）党员大会召开时间、内容、议题等，并在“远教云课”直播系统上发布相关信息；会上，组织全体党员参加，并做好记录，利用“远教云课”线上管理后台实时摄录“三会一课”开展情况留档备查；会后，由各村级党小组就地召集本组党员开会，学精神、谈心得、论体会，传达或商议其他党建事宜并做好党小组会议记录。

针对会议内容不丰富、会议效果差的问题，结合“远教云课”直播系统，开启“线上党课”新模式。依托“远教云课”直播平台，南宁市武鸣区充分整合党校、机关单位、企业等各类师资力量，每月根据党员学习需求，在“远教云课”直播平台为党员授课，授课内容涵盖党建、法律、政策、技能培训等各个方面，通过线上直播的方式成功发挥了党组织加强党员教育的功能。

针对党员之间距离远、会议难集中的问题，借助“远教云课”直播系统，建成“城区—镇—村（社区）”双向高清视频“云端会议”系统。通过线上直播的形式，全城区13个镇219个村（社区）的党组织可以随时随地开展支部会议，既避免了党员在线下实地之间的来回奔波，也提高了在外务工流动党员的参会率。2018年1~10月，南宁市武鸣区共召开支部会议180余次，开展频率和开展效率大大提升。

借助“远教云课”直播系统，南宁市武鸣区还成功解决了上级党组织对支部“三会”监督考察不到位的问题。在以往的监督与考察工作当中，往往要求多而指导少，实地调研少而走过场多。为切实解决这些问题，南宁市武鸣区借助“远教云课”直播平台的视频回放功能，随机抽检各村（社区）的支部“三会”开展情况，发现问题后及时联系各村（社区）党支部，进行沟通交流，切实解决问题。自各项措施落实以来，南宁市武鸣区已检查指导各村党支部“三会一课”350多次。

案例启示

在互联网信息技术快速发展的今天，借助网络平台实现信息推广已经成为时代趋势和必然选择。网络平台的搭建与使用，有效解决了支部“三会”在实际开展过程中面临的一系列问题，既推动支部“三会”

常态化开展，也通过便捷的监督和指导方式增强支部“三会”开展实效。

广西壮族自治区南宁市武鸣区为了解决支部“三会”开展中面临的问题，诸如党员居住地之间相对分散聚集难度大、会议议题和会议形式不够新颖、检查督导工作细致度不足、问题整改难度大等，打造出了一个覆盖全城区13个镇219个村（社区）站点的“远教云课”直播平台，打破时空距离，让党员在家里就可以进行理论学习，上级党组织能够随时查阅记录，便于监督与指导。其他党支部在开展支部“三会”时，可以借鉴这一做法，搭建起一个便于党员沟通交流的平台，督促党员下载注册使用，在平台内部进行会议开展、信息推送，可以让党员随时随地进行理论学习、参加会议、与其他党员交流研讨、提供个人意见。线上网络平台的搭建，不仅可以通过新颖形式吸引党员主动参与，大大提升支部“三会”的参会率，还可以规范支部“三会”开展的时间及次数，是推动支部“三会”常态化行之有效的方法。

第三节　线上联动，省时省力见成效

党的十八大以来，以习近平同志为核心的党中央高度重视互联网和信息化发展。党的十九大报告中，习近平总书记在强调全面增强执政本领时提到，要“增强改革创新本领，保持锐意进取的精神风貌，善于结合实际创造性推动工作，善于运用互联网技术和信息化手段开展工作。”新时代环境之下，支部“三会”的开展也需要遵循互联网发展规律，借助信息化手段，通过线上线下联动，推动党务工作高效化。

案例　广东省深圳市光明区光明街道翠湖社区：运用“学习强国”召开党支部会议

（来源：学习强国深圳学习平台2020年3月23日）

“学习强国”学习平台是深入学习宣传贯彻习近

平新时代中国特色社会主义思想和党的十九大精神的互联网学习平台，旨在通过构建网上学习组织架构实现有组织、有指导、有管理、有服务的学习，推动马克思主义学习型党组织建设。2019年1月1日，“学习强国”学习平台正式上线，由PC端、手机客户端两大终端组成，PC端有“学习新思想”“学习文化”“环球视野”等17个板块180多个一级栏目，手机客户端有“学习”“视频学习”两大板块38个频道，不仅能够提供海量、免费的图文和音视频学习资源，让党员学习更丰富、个性、智能、便捷，在“强国视频会议”板块当中还能够实现线上会议召开的功能。

新冠肺炎疫情期间，支部会议召开存在一定难度。以往支部“三会”大多以线下形式召开，但在疫情期间，不少党支部根据防疫规定，按照“非必要，不举办”的原则，尽量减少了人员聚集的支部“三会”的召开。即便是在疫情缓和期间，严格按照“选择空气流通的会议室”“会场入口测量体温、登记信息”“会上全程佩戴口罩”等防疫原则召开了支部“三会”，但是会议人数、会议形式、会议地点等方面仍然备受限制，不仅存在诸多不便，也影响了支部“三会”的开展质量。

针对这一现状，不少党支部利用支部微信群、QQ群等信息化手段方式开展“三会一课”，广东省深圳市光明区光明街道翠湖社区富力区党支部通过“学习强国”开展线上支部会议，保证对党员的学习教育管理，确保安全、高效落实组织生活。

在会议召开前，支委针对“学习强国”平台的“强国视频会议”功能开展讨论，结合疫情当下不少党员尚未返回深圳、在深圳的党员当中也有不少人仍然坚守在抗疫一线、组织党员实地开展支部会议难度较大等实际情况，探讨召开线上支部会议的可行性。经讨论研究，确定以“学习强国”视频会议的形式召开支部会议。

此次支部会议主要包括两方面的内容。一是结合疫情现实情况，充分利用“学习强国”平台上的学习资源，组织党员线上学习《关于坚决贯彻落实习近平总书记重要指示精神　在打赢新冠肺炎疫情防控阻击战中积极主动履职有效发挥作用的通知》，将党支部的党员教育功能贯彻到底；二是吸收在辖区防疫工作当中表现优异的两位同志成为入党积极分子。在线上会议召开过程中，翠湖社区富力区党支部的会议流程同样符合规定，在吸收入党积极分子时做足了调查准备工作，参会党员也对两位同志的情况进行了充分的讨论，最终大家一致同意接受这两位在疫情期间做出贡献的同志为入党积极分子。这两位入党积极分子在会议当中也表示，作为抗疫一线人员，能够成为入党积极分子非常荣幸，今后也将听从党组织领导，不断向先进党员同志学习。

据悉，翠湖社区党委已利用“学习强国”多次召开视频会议完成了开展学习活动、部署疫情防控等工作。线上会议形式即时召开、便捷有力，既容易操作，又节约了时间成本，大大提升了党支部工作效率。

案例启示

当今，数字化已成为促进政府管理和社会治理模式创新的新引擎，在党务工作中的重要性更是不断凸显，不少党支部也充分利用新媒体技术优势，以线上方式开展工作，取得了良好效果。未来，互联网平台有效协同的工作模式将不断完善，党支部要结合实际，通过线上线下联动，推动支部“三会”创造性开展。

1. 线上会议，省力不减效

广东省深圳市光明区光明街道翠湖社区利用“学习强国”的视频会议功能，开展了一次线上会议，不仅充分使用了“学习强国”App上的资源，组织党员进行了理论学习，而且秉持着线上会议也不能松懈的原则，在充分调查、讨论和获取党员一致同意的基础上推选了两位表现优异的同志为入党积极分子，圆满完成了会议任务。

线上会议借助互联网信息技术，能够为两人及以上人员建立视频和声音的实时连接，相较于传统线下会议而言，具备不少优势。其一，线上会议不受时空限制。与会人员随时随地都可以参加会议，既符合当代人快节奏的工作方式，又可以有效应对如疫情期间党员无法悉数到场等特殊情况。其二，线上会议可以降低会议成本。与会成员只需要拥有一台手机及移动网络便可以参加会议，大大降低了在参会路途当中的时间、金钱成本，也节省了线下会议场所布置的成本。其三，线上会议可以简化会议流程，同时也能够便利会议成员彼此之间的沟通交流。党支部要充分发挥线上开展会议的优势，熟练掌握并运用线上开展会议的方式方法，提高支部“三会”效率。

2. 线上党支部，增强党员归属感

新媒体时代下，群众对移动终端设备的依赖程度逐渐加深，善于运用移动终端设备收发信息、建立交流。基层党组织可以通过建立线上党支部加强对流动党员的管理，通过微信群、QQ群、微信公众号等多种载体形式，开展线上会议、线上学习、线上督查等内容丰富的活动。线上党支部的建立，能够通过网络的“桥”为党员们搭建起一个线上的“家”，便利党组织与党员、党员与党员之间的联系交流，能够通过线上支部活动的组织安排，最大程度减少党员对党组织的距离感、生疏感，增强归属感，从而提升党组织的凝聚力、战斗力。

小　结

近年来，许多基层党支部针对社会发展变化过程中面临的新情况或本支部存在的具体问题，通过创新会议形式的方式，不仅解决了支部“三会”开展过程

中的实际难题，而且起到吸引党员兴趣，提高党员参会主动性及参会率的作用。本章选取3个创新会议形式的特色案例，从转变会议理念、进行平台搭建、线上线下联动三个方面进行讨论，通过对案例的深入阐述和分析，旨在为创新支部“三会”开展形式、提高支部“三会”开展效率、增强党组织凝聚力提供实践启示。

从各行各业各地区开展支部“三会”的实践经验来看，想要创新会议形式，首先要做好会议思想的转变。江西省瑞金市在提升支部“三会”开展质效时从思想转变抓起，转变党员对支部会议的思想认识，转变对会议工作的固定认知，转变会议只能在会议室开的固定思维，转变对会议管理监督不重视的理念等。

在转变会议开展理念的基础上，要通过平台搭建和线上联动丰富会议形式。广西壮族自治区南宁市武鸣区在开展支部“三会”时，借助互联网搭建起了不同形式的平台，既能够通过影像录像、直播回放等功能确保支部“三会”的常态化开展，督查并解决支部“三会”开展中存在的问题，还能够起到为支部党员推送信息、便利党员沟通交流的作用。广东省深圳市光明区光明街道翠湖社区因疫情期间避免人员聚集，采取了线上形式开展支部“三会”，在遵守支部会议开展程序的基础之上，成功发挥了线上会议的优势，大大提高了会议开展效率。

从以上案例不难得知，转变会议形式虽然是会议开展中老生常谈的问题，但在网络信息时代下也有了新的表现与内涵。党支部在开展支部“三会”时要根据时代变化，结合党支部工作实际情况，在转变会议理念的基础之上创新会议形式，既要抓住网络技术的优势，也要尽可能将网络技术优势最大化，发挥出线上支部“三会”的最大效用。

第七章

总结会议记录，激发支部『三会』内生力

概　述

2014年10月8日，习近平总书记在党的群众路线教育实践活动总结大会中首次提出“全面推进从严治党”。2014年12月，习近平总书记在江苏调研时强调：“协调推进全面建成小康社会、全面深化改革、全面推进依法治国、全面从严治党，推动改革开放和社会主义现代化建设迈上新台阶”，将全面从严治党作为“四个全面”战略布局的重要组成部分，提升到一个全新的高度。党的十九大以来，中国共产党推动全面从严治党向纵深发展，不断提高党的执政能力和领导水平。全面从严治党，基础在全面，关键在严，支部“三会”的贯彻执行者是基层党组织和全体党员，开好支部“三会”有助于推动落实全面从严治党的要求。

支部“三会”的开展在各个方面都有严格的要求

和规定。在开展时间方面，支部党员大会一般每季度召开一次，支部委员会、党小组会一般每个月召开一次，工作需要时也可提前召开或增加次数；在开展内容方面，支部“三会”要发挥好真正把党的思想政治建设抓在日常、严在经常的作用，推进“两学一做”学习教育常态化、制度化。这些在会议次数、会议内容、会议质量方面的具体要求，都离不开对支部“三会”的有效监督。

想要全面、准确地实现对支部“三会”的监督，了解会议内容和会议质量，发挥支部“三会”对于基层党组织建设的作用，需要对会议记录进行总结与检查。会议记录是指对支部“三会”开展中的具体情况所进行的翔实、完备的记录，对于记录支部“三会”开展内容、提炼支部“三会”开展要点、传达支部“三会”相关决议具有重要意义，便于党组织顺利开展后续工作，也便于上级党组织定期或不定期对各支部的开展情况进行检查、核实与督导，能够切实通过记录与监督的方式提升支部“三会”开展质量。

第一节　勤总结，挖掘记录背后价值

会议记录是在对会议当中各种材料、与会人员的发言以及会议简报等进行综合分析和概括提炼基础上形成的，是会议记录人员对会议全程内容所做的整理与提要。支部“三会”的会议记录具备多重价值，能够集中反映会议内容中的主要精神和决定事项，起到向上汇报和向下通报情况的作用，一方面便于上级党组织检查、监督支部“三会”开展情况，另一方面能够及时向党员传达会议决议，便于相关工作开展，同时也能够起到为支部工作提供借鉴的作用。及时引导党务工作者和全体党员认识到会议记录的价值并勤于总结会议记录，是激发支部“三会”内生动力的途径之一。

案例 100本支部会议记录本背后的成长记忆

（来源：解放军报微信公众号2021年5月31日）

在江南小城，有这样一支有着光荣历史的英雄部队——武警第二机动总队某中队。自1937年诞生起，该中队曾参加战斗百余次，1949年被西北野战军授予“百战百胜”称号，1951年被陆一军授予“常胜连”称号，近年来更是先后荣获全国“军民共建社会主义精神文明先进单位”“全军基层建设先进单位”等荣誉，荣立集体一等功2次、集体二等功8次、集体三等功41次。更为难得的是，虽然历经10次搬迁14次番号调整，但从1964年开始，该部队的支部会议记录本就被完整保存了下来，迄今为止已连续收藏了100本支部会议记录本，其中还有一部分被中国武警史馆收藏。

回忆无声，记录有声。一个支部跨越漫长岁月被保留下来的100本记录本，不仅仅记录着该党支部几十年来的战斗历程，也书写了这些年来该党支部的组织生活。记录本上不乏这样的记录：一名队干部调来不久，班长骨干毫不留情地批评他的个人主义表现，批评的人严肃认真，被批评的人虚心接受并积极改进，因为彼此心中都明白，唯有从保持自身先进性做起，才能够维护中国共产党的先进性，才能真正履行好全心全意为人民服务的宗旨。

几十年来，支部会议记录本记录收藏了很多故事，汇成了这100本中队“史记”，成为该党支部的精神力量源泉。

1. 在会议记录本里找方法

“找不到路子，咱们就翻本子，哪怕有天大的困难，也要杀出一条路来。”

——第27任党支部书记金黄磊

历史是一面镜子，是一本深刻的教科书，既记载着往日的成绩与辉煌，也照亮着现实与未来的道路。该中队的100本会议记录本，就是最好的一面镜子，帮助党员们不断汲取前人的经验和智慧，折射着未来的方向。在中队的建设与成长过程中，无论遇到天大的困难，都可以翻阅支部记录本，向支部记录本“取经”。

1964年8月6日，部队组织开展游泳训练，但当时的游泳还是一门新科目，除了个别骨干以外，很少有人会游泳，大部分的官兵也是零基础，需要从头学起。面对这样的挑战，有个别官兵以身体不适为由逃避参与训练，训练开展难度大。支部记录本中清晰地记录下了当时的训练诀窍，通过开展支部大会进行充分讨论，发扬军事民主，由党员率先做好示范作用，在训练当中打头阵，按照“循序渐进、因材施教、整体提升”的原则，广泛开展“一帮一”“一对红”活动，比学赶帮、树立标兵……经过一段时间的刻苦训练，后来中队在考核验收时，获得了上级一致的好评。

2018年，中队改革转型成为特战中队，除两名小队长经历过特战专业训练之外，其他官兵都是机动部队的底子，需要面对的都是全新的特战训练科目，尤其是在必考项目“18米抓绳上”，不少战士恐高，难以抓住训练要点，训练难度颇大。经支委会讨论后，决定向支部记录本寻找帮助，借鉴会议记录本当中所记载的1964年游泳训练的经验，将“一帮一”“一对红”活动运用到攀登中，率先让一批身体协调性强、体能素质好的队员快速掌握技巧，再给其他队员做示范，营造比学赶帮的氛围，促进所有队员补齐能力短板，带动大家一起进步。2018年年底，中队在接受上级验收考核时，全体官兵一次性通过。

2．继承优良传统

支部会议记录本中曾记录了这样一件事：20世纪60年代国内自然灾害过后，中队生活格外艰苦，干部把米、面让给战士吃，自己悄悄吃起萝卜缨、地瓜梗、豆渣。在那个年代，节约一口饭给战士吃，就是最大的爱兵。后来随着分餐制的实行，“战士不打满，干部不端盘”成为每次就餐时不成文的规定，干部总是把热饭让给战士，战士打饭菜时也总会想着身后的干部。

近几年，由于野外驻训次数增多，个别年轻干部淡忘了分餐时的好传统。一次驻训归队后，一名小队长提前打饭菜，中队召集党员开起批评会，“今天我们甘苦与共，明天上了战场才能生死与共。这一传统哪怕过了几十年、上百年，也都不能忘记。”从此以后，再也没有干部提前打饭了。

3．前事不忘，后事之师

“我们要把党支部会议记录本保存好，留给后来人。谈成绩，一代当比一代强；谈教训，前人脸上长过麻子，后人脸上就不能再生窝窝。”

——第6任党支部书记陈学德

1965年5月7日，在支部会议上，一名党员战士对时任党支部书记提出了批评：“你整天不和战士玩在一起，绷着个脸，这个问题你应当重视和反思。”面对一名普通党员毫不留情的批评，当时的党支部书记一开始并不理解，反思之后才领悟到，能够经得住批评、容得下批评才是党员干部的真性情。

1983年8月3日，该党支部拿到了步兵尖子连队全能第一名的锦旗时，支部“一班人”没有选择摆庆功宴进行庆祝，而是开起了支部会议，你一言我一语地查摆不足，指出彼此在训练当中的问题，进行了深刻的反思与总结。

2018年9月，刚从武警特警学院毕业的汪文超，正好赶上“魔鬼周”极限训练，中队要求他以狙击手身份加入小队。他凭借自己精湛的技能取得了优异的成绩，也为集体赢得了不少分数。然而，令人始料未及的是，在党小组会上，汪文超并未因表现优异而得到表扬，反而遭到了公开批评。“每次训练一结束，你就自顾自躲到一边，作为一名经过系统培训的特战干部，平时要多帮带身边的战士。”“这次‘魔鬼周’极限训练，你只对自己能拿高分的狙击课目上心，要是真上了战场，没有团队协作精神，怎能打败敌人。”……在一句句批评之下，汪文超感到愧疚，深刻地认识到自己的缺点，并下定决心改正。

其实不只是汪文超，每一个刚到该中队的干部都或多或少接受过批评，中队做过统计，在这100本记录本所记载的3053次会议中，有1025次涉及对干部的批评帮助。“内部的批评多了，挨上级的批评就少了，前人犯过的错误，争取后人不犯或少犯。”正是在这样浓郁的批评与自我批评的氛围之下，中队不断传承着前人的优良传统，接替着荣誉的接力棒，在支部记录本中续写着新的辉煌。

4．会议记录要抓细抓实

“上面千条线，下面一根针。基层党支部要抓住大事、理好大事，不能眉毛胡子一把抓。”

——第23任党支部书记张大湖

曾经有一个历史时期，中队存在大事小事都上支部大会讨论的现象，以1986年3月的会议记录为例：3月5日，连队司务长在原有基础上买了10余头生猪；3月7日，连队买回肥料；3月12日，支部成立党员帮扶小组教战士们种菜、施肥……这些事无巨细的小事也上支部会议讨论的现象致使当月支部会议多达13次，不仅在官兵当中招致诸多怨言，烦琐而效率低下的会议也严重影响了党支部的战斗力。发现这一情况之后，在1986年7月4日的支部大会中，对该现象进行充分讨论，立马叫停并改善这一现状，对支部会议进行规范，减少会议次数，使会议主题向中心工作聚焦，把会议质量和会议效果放在第一位。

翻阅2019年的支部记录本，会发现这一时期的会议记录对比其他时期的字迹显得格外漂亮。事实上，近年来中队的支部记录本越发有名，不少人慕名而来，前来参观学习，考虑到这一点，支部就专门挑选了字迹漂亮的党员对支部会议内容进行记录。但是这样也极其耗费人力、精力，不少党员纷纷提出了反对意见，认为这样精心打造与“作秀”无异，违背了会议记录本的初衷，是“重面子轻里子”的形式主义，在党员的批评声中，党支部惊醒，停止了这一“作秀”行为。

无论会多会少、会长会短，抑或是会议记录字迹如何，其实都不重要，重要的在于会议形式是否规范、会议内容是否聚焦重点。近年来，该中队支部对照《中国人民解放军政治工作条例》《中国共产党军队委员会（支部）工作规定》等法规文件，改进工作方法，减少会议次数，不做表面文章，严格保证支部会议质量。2020年年底，支部再次被上级评为“四铁”先进单位，并荣立集体三等功。

5. 会议记录勤总结、善保存

“我们要精心爱护这些本子，不能让它们受到损伤。”

——第7任支部书记党占国

2014年7月，党员缪斌军校毕业后来到中队，被党支部吸收成为组织委员，负责会议记录工作。因为部队分散执行任务，民主生活会只能抽空召开，陆陆续续用了一周时间。由于会议时间跨度较大，待缪斌去完善会议记录时，已经遗失了部分同志的发言，最后只能凭借自己的记忆东拼西凑补完会议记录。书记在签字时发现了会议记录本中会议内容的严重缺失，对缪斌进行了批评，要求中队腾出时间，重新开展会议。经过此事，缪斌也深刻认识到，一定要拿出严肃的态度开展党内政治生活，每一次的会议记录都要认真对待，保持严谨细致的作风，必须原原本本做好会议记录，不能打折扣，不能忽略任何人的发言。

对待中队的“传家宝”——100本支部记录本，中队党支部更是精心爱护，像对待文物一样去保存呵护，不让记录本受到一点损伤。在中队荣誉室，这100本支部会议记录本被整齐摆放在专门的陈列柜里，并由专人特地买了塑料膜，按照记录本大小包了封皮，每隔一段时间，都会有人用橡胶球吸去本子里的灰尘，用小刷子清除封面上的污垢。透过这些细小工作，可见该党支部对记录本的重视。

案例启示

想要从会议记录当中汲取前进的力量，不仅需要认识到支部“三会”会议记录的重要性，遵守会议记录规范，勤于总结会议记录，翔实、完备地将会议内容记录下来，还要将会议记录妥善保存，便于随时翻阅查看，注重挖掘会议记录的价值。

1. 勤于总结会议记录

100本支部会议记录本当中所记录的，是支部的记忆与传承。翻阅武警第二机动总队某中队党支部通过不同年代的纸张所书写的100本会议记录本，里面涵盖了不同时期的民主生活会、支部党员大会、支部委员会、党小组会等会议的记录，有党员同志的批评与自我批评的记载，有党支部充分讨论、解决实际问题的记载，也有该党支部取得的一个又一个荣誉的记录，还有该党支部工作情况的记录，最大限度地再现了当时会议的场景。

基层党支部要从思想和行动上真正认识到党支部会议记录的重要性，思想上要认真对待、行动上要勤于总结，不能出于应付心理敷衍了事，不记、少记、漏记或错记支部会议开展内容，一定要原原本本、忠实原意地进行记录。每次开展支部党员大会、支部委员会或党小组会都要有相应的会议记录，党支部需要指派特定人员负责会议记录工作，会议记录人员要按照会议记录基本要求进行记录，突出记录重点，确保真实准确，符合记录规范，注重记录格式。此外，上级党组织还要不定期查阅支部会议记录本，确保会议记录如实记载，避免“留白”“加补丁”等现象。

2. 珍藏支部会议记录本

武警第二机动总队某中队第6任党支部书记曾说：“我们要把党支部会议记录本保存好，留给后来人。”党支部在面临训练困难时，第一时间选择在支部会议记录当中寻找可以借鉴的训练方案，汲取前辈们的经验与智慧；在遇到问题时，通过多翻阅、多学习支部会议记录本的内容来传承支部的优秀传统；在开展批评与自我批评时，遵循支部会议记录本当中的传统，毫不留情地批评，虚心承认错误并改正，争取前人犯过的错误后人不再犯。

这100本支部会议记录本之所以能够远近闻名，不仅仅是因为这些会议记录本承载着该支部几十年来的会议记录和成长记忆，更重要的是，该中队党支部能够将这100本会议记录本妥善保存，将其当作党支部的精神财富，充分挖掘其中的价值。其他党支部可以借鉴这一做法，妥善保存、珍藏支部会议记录本，这不仅是为了便于上级检查翻阅，更是为了帮助党支部后来人少走弯路，从中汲取先进经验。因此，支部会议记录本不能记录完了就丢在一旁，要指派专人管理，定期组织党员观摩学习。

第二节　常反思，切忌记录形式主义

支部“三会”开展情况怎么样，支部“三会”记录本是重要的衡量标准和“说明材料”。会议记录有着明确的基本要求：一要准确写明会议名称（会议全称），开会时间、地点，会议性质；二要详细记下会议主持人，出席会议应到和实到人数，缺席、迟到或早退人数及其姓名、职务，记录者姓名；三要真实记录会议上的发言和有关动态；四要记录会议的结果，如会议的决定、决议或表决等情况。针对支部“三会”的会议记录，不仅要注重最基本的记录格式，更要加强对会议记录的检查与督导，避免会议记录形式主义，达到把握支部会议内容，提高支部会议质量的作用。

案例 第74集团军某合成旅装步一连党支部：会议记录不能随意“打补丁”

（来源：中国军网2018年10月11日）

“机关检查不再将会议记录作为工作落实的唯一指标，以后再也不用为如何在会议记录上打‘补丁’而伤神了！”9月下旬，第74集团军某合成旅装步一连文书松了一口气。

基层党支部作用发挥如何，能否用召开会议次数的多少或支部会议记录本的厚薄来衡量？这一直都是困扰基层党员工作者的一大难题。支部会议的质量影响着党支部的建设质量和党支部作用的发挥，党支部会议记录质量在某种程度上又能反映支部会议的质量，所以，不少党支部以会议记录当作会议开展质量的唯一标准，导致不少基层党支部会议记录出现“留白”甚至“打补丁”、会议记录不标准、会议记录弄虚作假的现象，严重影响党支部组织生活。

2018年9月初，旅领导在基层检查时发现，装步一连党支部会议记录本有多处增改痕迹，有的党支部会议记录每项议题后面都空着一部分，每次会议记录后面留着几页纸的空白，有的是在会议记录后面写着与之前不同的笔迹内容。譬如，有的支部会议议题明明是议训会，后面却又多出一项某事故通报的记录。旅领导辗转多个连队，发现这种在会议记录本上随意增加议题和内容的现象非常多。

旅领导立马找基层官兵了解实际情况，通过深入调查，基层官兵纷纷说出实情。支队机关检查工作时动不动就翻会议记录本，拿会议记录本当作唯一衡量标准，看安全管理抓得如何，首先看是否开会研究；看某项活动是否重视，先要看有没有会议部署……仅仅通过检查会议记录本判断基层党支部是否重视某项活动、开展某项工作是否认真。如果发现记录不全，则认定基层党支部并未认真对待工作，轻则责令整改，重则通报批评。久而久之，为了应对机关检查，对于一些突发的、临时增加的工作，基层连队只能在已有的会议记录上“打补丁”，随时增补上级关心的相关内容。

“会议记录‘打补丁’，不仅导致记录失实，还牵扯基层精力，更助长了形式主义。”随意为会议记录“打补丁”属于不当行径，长此以往必定会造成风气不正，挫伤党员参与党支部生活的积极性，影响党支部会议开展质量。这个问题看似出在了基层，其实根子在于机关的形式主义检查作风。对此，党委研究出台措施，责令机关整改。首先，组织机关干部和基层支委展开培训，强化照章办事的意识，要求机关检查必须把重心放在检查工作实际开展和具体落实上，不能只拿会议记录说事，把会议记录当作评判工作质量的唯一衡量标准；其次，畅通民主监督渠道，邀请基层官兵对机关检查组进行监督，确保机关检查工作务实高效；最后，完善支队抓基层领导小组相关机制，如果再发现支委会议题不符合规定或者随意添补会议记录内容的现象，清晰权责方，是谁的问题便找谁解决问题。

案例启示

通过以上案例不难得知，有的党组织开了会，但是没有在支部“三会”记录本上体现出来，甚至胡记、乱记会议内容，导致记录失实，影响会议质效。因此，支部“三会”记录本的填写必须严格遵守规范，切忌形式主义。

1. 严格按照规范填写会议记录

对支部“三会”记录本的查阅一直都是考查“三会一课”制度落实过程中的关键一环。支队机关检查工作时动不动就翻会议记录本，拿会议记录本当作唯一衡量标准，虽然这种做法有误并且不值得提倡，但支部“三会”记录本的重要程度可见一斑。因此，基层党支部必须严格按照规范，翔实、完备地对支部“三会”会议内容进行总结、书写，做好支部会议记录。

支部“三会”记录的书写规范要注意遵循三个原则、牢记七个要素、把握一个重点。遵循三个原则是指会议记录必须由专人记载，字迹要工整；会议记录一定要原原本本、实事求是，不能有任何弄虚作假；

会议记录的内容表述也一定要表达清楚，逻辑清晰。牢记七个要素指会议时间、会议地点、参会人员（出席、列席、缺席）、主持人、记录人、会议主题和会议内容这七个要素都要清楚记录，不能落下任何一项。把握一个重点是指要真实记录会议上的发言和会议相关决议、决定，既要如实地记录参会人员的发言，又要抓住要点，注重详略得当，譬如，会议讨论的重点话题及各个成员的主要见解、权威人士或代表人物的意见、会议开始和结束时的定调以及总结性言论、会议产生的决议结果或者议论完的相关事项，这些都要规范记录下来。

2. 会议记录及检查切忌形式主义

第 74 集团军某合成旅装步一连党支部在支部“三会”记录本中存在“留白”和“打补丁”的问题。表面上看，是基层党支部不将工作准则放在心上，未能按照规范如实记载会议内容，随意增添涂改会议记录。可究其根本，与上级党组织的形式主义检查作风脱不了干系。上级党组织在检查巡视支部工作时不能出于轻松、简单的心理将纸本上的会议记录作为唯一标准，而要注重考察具体工作开展情况，多番考量后再下定论。

针对支部“三会”记录本的检查应该是一个支部自我总结、找出差距、不断提升的过程，目的在于通过对会议记录的批阅和梳理，查看会议记录基本要素是否完整，内容是否翔实、规范，整改是否及时、到位，查找会议记录当中的共性问题，进行深入交流与讨论，进而提出规范和要求，指出针对性意见和建议，不断推动支部组织生活制度化、规范化，而不是仅仅通过会议记录这一项就判定党支部的工作开展状况。因此，支部“三会”的记录一定要真实准确，出现疏漏及时改正，不能为了应付上级检查染上形式主义作风，出现“留白”“打补丁”等问题。

第三节　善创新，会议记录形式多样化

会议记录是对会议的组织情况和具体内容的记载，必须确保不添加、无遗漏、依实记录，当支部“三会”的内容和形式发生变化时，支部“三会”的会议记录也应该紧跟会议的发展变化，进行多样化记载。近年来，面对传统的会议开展形式不适应新时代

的特征和党员发展需求的现状，不少党支部纷纷转变会议开展理念在会议形式上寻求转型，有的党支部搭建互联网平台，借助网络开展会议相关工作，有的党支部创新会议模式，走出会议厅，引导党员在基层实践当中感悟入党初心、践行入党使命、提高工作能力。在这种情况下，支部“三会”记录也应当紧跟现实发展变化，不拘泥于以往的记录形式，不断反思创新，促进会议记录更加多样化。

案例 陕西省渭南市合阳县各党支部：“互联网+党建”平台全程记录

（来源：共产党员网2017年11月13日）

党的十九大报告中指出“善于运用互联网技术和信息化手段开展工作”。“互联网+”的运作模式是指利用信息技术和互联网平台，实现互联网与传统产业之间的融合，为传统产业提供新的发展动力。“互联网+党建”的工作模式是在新时代的发展趋势之下，以互联网技术为党建工作提供技术支撑，助推党建工作高质量、高效率发展，目前已被众多基层党组织采纳，在多个基层党支部试运行。

“互联网+党建”的平台系统是一个综合性的信息管理平台，涵盖党组织信息、党组织活动管理、党员信息管理等多方面的内容，能够满足广大党务工作者的日常工作需求。在支部“三会”这一党务工作领域，“互联网+党建”平台既可以推送开会通知，也可以丰富会议学习和教育的手段，进行视频直播、线上会议，大幅提升党员的积极性与参与率，还可以通过线上的方式保存活动、会议记录，实现互联网与党建业务的有效结合。

2017年，陕西省渭南市合阳县各党支部为适应时代发展潮流，依托“互联网+党建”云平台手机App客户端，探索建立了集学习、教育、管理、监督、服务于一体，覆盖全县各级党组织、辐射全体党员的云平台综合系统，形成了以“一云（‘互联网+党建’云平台）、两库（党员数据库、行为数据库）、三系统（大数据公示系统、组工监控系统、视频会议系统）”为主的服务体系。

“互联网+党建”平台在全县范围内推广以来，该县各党支部已借助该平台开展多项党建工作。在支部会议开展方面，各党支部可以借助该平台的视频会议功能开展线上会议，如果召开的是线下会议，则需要在支部“三会”开展后的3个工作日内将会议照片和记录照片上传至“互联网+党建”云平台，图文并茂地反映会议全过程，切实实现了支部“三会”过程留痕、有迹可查。

此外，合阳县的“互联网+党建”平台还建立了集中督查反馈机制。县委组织和党（工）委可随时通过云平台系统检查各党支部“三会”的开展情况，固定每周对各党支部上传至云平台的资料进行集中检查，杜绝虚假的、伪造的会议记录，就上传资料及资料中所显现的支部工作当中存在的问题进行及时反馈和整改，督促党支部工作进步，推动党支部工作规范化、标准化。

为营造比学赶超的氛围，合阳县委组织部结合支部“三会”会议记录和会议开展实际，定期对各支部的“三会”开展情况进行评选，把一些会议规范程度高、富有创意、开展情况好的支部会议图文资料上传至展示系统，供全县党支部和全体党员学习借鉴，让党支部和党员在对比当中找到差距，促进支部会议质量的提升。截至2017年年底，“互联网+党建”平台共推荐优秀创新案例36个，党员发布微感悟7900余条、心得体会5000余篇，基层党组织上传活动信息10361条。

案例启示

基层党支部要结合支部“三会”开展情况的变化，在会议记录方面做出创新。

1. 互联网平台驱动会议记录新形式

随着互联网技术的快速发展，“互联网+”的运作模式越来越多地被运用于医疗、教育、交通等各个领域。如何运用互联网技术促进党建工作更加智能化、高效化早已成为新时代党建工作的课题之一。十九大以来，党建与互联网的结合程度不断加深，不少党支部纷纷利用互联网技术，采取线上线下相结合的方式开展支部会议并做相应的会议记录。陕西省渭南市合阳县各党支部依托“互联网+党建”云平台手机App客户端，线上线下同步保留会议记录。会议召开后，党支部工作人员需在限定时间内将会议记录相关资料上传至“互联网+党建”云平台，确保支部会议在网络系统内有迹可查。

近年来，各个党支部以互联网平台为依托建立会议记录数据库已成为新的发展趋势，对比纸质版和电子版的会议记录，不难发现背后的原因所在。纸质版的会议记录不便于携带与整理，长年累月的会议记录保存下来既占地方也极易损坏，保存难度相对较大，并且同一本会议记录本也无法做到同时空内被党员集体翻阅学习，存在诸多限制。与纸质版的会议记录相比，电子版的会议记录具有较多优势，不仅可以将会议记录的文字通过互联网络储存下来，还可以一同储存现场拍摄的图片或视频文本，图文并茂地复原会议全过程，而且便于储存与查看，既不需要有文件缺损或脏污的困扰，也可以供党员们随时随地浏览和学习，同时也便于上级党组织集中检查与反馈，是一种行之有效的支部会议记录方式。

2. 实践创新引领会议记录内容调整

长期以来，不少党组织在对基层党支部进行检查巡视时过分看重会议记录，甚至将会议记录作为党支部工作开展情况的唯一衡量标准，造成了很多支部会议及记录重视形式忽视实效的问题。

“没有调查就没有发言权”“实干出真知，真知方能去伪”，一切脱离了基层实践的美好构想只是空中楼阁。支部“三会”要注重实践创新，走到群众当中去，了解群众的真实情况，为群众做实事，真正破除形式主义作风。与此相适应，支部“三会”会议记录也要改变以往空喊“口号”似的记录形式，切实记载党支部所办实事的具体内容：一方面便利上级党组织的检查巡视，便于党组织了解党支部实际工作并及时发现工作当中存在的问题；另一方面，这种推陈出新也能够切实增强党员们的参与感，激发党员们的工作热情，让党员们在一件件实事的处理和记载当中获得成长。

小　结

支部“三会”的会议记录承载着多样的功能和价值，但是不少基层党支部尚未认识到这一点，在实践过程中仍然忽视对会议记录的认真记载及有效使用。本章通过挖掘支部“三会”会议记录背后的价值，反思目前存在的问题，指出可以在哪些方面多做创新，从而充分发挥会议记录的价值，有效激发支部“三会”内生力。

本章选取了不同党支部关于会议记录记载与使用的案例，力图揭示出如何才能发挥支部“三会”会议记录的作用，推动会议记录的价值最大化。武警第二机动总队某中队党支部收藏了自1964年以来的会议记录100本并将之当作“传家宝”珍视保存、精心爱护，号召支部党员时常翻阅、学习，传承会议记录本当中的传统与精神，遇到困难时也呼吁党员们在会议记录本当中寻找解决方案，发挥出了支部会议记录本的价值。第74集团军某合成旅装步一连党支部会议记录当中存在“留白”和“打补丁”的问题，对此，相关部门第一时间组织彻查原因并出台相应整改措施，不仅能够从基层党支部找原因，还能够由表及里，针对更深层次的上级党组织在检查巡视时落下的形式主义作风问题对症下药加以改正，切实实现了支部会议记录的反思与改进。陕西省渭南市合阳县各党支部将互联网技术与会议记录工作相结合，使会议记录更加便捷、有效、易保存、易查看。

结合以上案例可知，想要通过会议记录激发支部“三会”内生力，就必须做到以下几点：一是要充分认识并注重挖掘会议记录的价值，既要通过“三会”记录批阅会、“三会”记录交流会等多样活动引导党务工作者和全体党员认识到支部“三会”记录蕴含的重要价值，又要在面临实际问题时从会议记录当中找寻具体经验；二是针对检查巡视当中发现的支部“三会”会议记录的问题，不能放在一边坐视不理，任其蔓延发展，而要在广泛调查的基础上找出背后的原因，并有的放矢地进行纠正；三是会议记录要在继承的基础之上进行创新，在把握会议记录书写原则和规范的基础之上紧跟时代发展的变化，并结合支部工作实际情况，探索新模式，发挥新价值。

第八章

落实党建工作，推动支部『三会』效能化

概　述

党的建设简称党建，是马克思主义建党理论同党的建设实践的统一、马克思主义党的学说的应用，主要包括三个方面的含义：一是研究党的建设的理论科学；二是在马克思主义党的学说指导下所进行的党的建设的实践活动；三是作为理论原则与实际行动两者中介的约法规章。中国共产党自成立以来便始终重视自身建设，党的建设总体布局不断拓展与完善。

2017年10月18日，习近平总书记在十九大报告中指出，新时代党的建设总要求是：坚持和加强党的全面领导，坚持党要管党、全面从严治党，以加强党的长期执政能力建设、先进性和纯洁性建设为主线，以党的政治建设为统领，以坚定理想信念宗旨为根基，以调动全党积极性、主动性、创造性为着力点，全面推进党的政治建设、思想建设、组织建设、作风建设、纪律建设，把制度建设贯穿其中，深入推进反腐败斗争，不断提高党的建设质量，把党建设成为始终走在时代前列、人民衷心拥护、勇于自我革命、经得起各种风浪考验、朝气蓬勃的马克思主义执政党。

在长期执政的历史条件下，建设什么样的党、怎样建设党是一个重大的现实问题，直接关系到我们党和国家的前途命运。“三会一课”作为党员参与党内政治生活的重要途径和方式，是改革开放后在实践中探索出的党的建设的重要成果，实践证明对于党员参与党内事务、党组织开展工作是有效的。支部“三会”面向全体党员，对加强党员教育管理发挥重要作用，对强化基层党支部建设，落实党建工作，具有重要意义。要真正将支部“三会”的相关决议落实下去，既要做到党建与业务深度融合，实现基层党建工作与业务工作的双赢，又要把党员带到群众身边去，将党员教育工作和为群众服务的工作结合起来，在实践当中提升党员素质和工作能力，实现成果转化，从而促进党员发展，增强党组织的凝聚力和战斗力。

第一节 夯实根基，在党支部建设中促发展

我们党由数百万个支部构成，每个支部由三名以上党员组成，党支部是党的基层组织，是党的组织体系的基本单元。如果基层组织无力，势必影响整个党的战斗力、凝聚力、向心力。强化支部建设是筑牢党建之基的一件大事。支部“三会”的目的在于通过会议传达上级指示精神、落实民主决策重大事项、组织党员教育管理、凝聚支部团结力量。提高支部“三会”开展质量，是夯实基层党建工作的基础，进一步加强基层党建工作，也离不开支部“三会”的有效开展。目前，不少基层党支部“三会”开展面临着形式单一、内容枯燥、落实不到位等诸多问题，降低了基层党建工作的质量。如何推动支部“三会”成为促进党支部建设的重要推手，吸引党员参与，夯实党建根基，将成为支部“三会”工作发力的重中之重。

案例一 江西金溪农商银行：开好支部“三会”激发党建新动能

（来源：学习强国中国农村信用合作报 2021年5月27日）

江西金溪农村商业银行股份有限公司（以下简称“江西金溪农商银行”）是在原金溪县农村信用合作联社基础上变更组织形式设立的，于2014年12月29日经江西银监局批准正式挂牌开业，是抚州市第一家县域农村商业银行。江西金溪农商银行以“为客户创造价值、为股东创造利润、为员工创造未来、为社会创造财富”为企业宗旨，不断完善法人治理结构，转换经营机制，强化激励约束，积极推进机制创新、管理创新和业务创新，极力践行“三大使命”，为建设殷实、文明、和谐、幸福的金溪做出贡献，是金溪县网点最多、规模最大、机制最活、服务最广、充满竞争活力的正规化现代银行。

江西金溪农商银行现有员工175人，12个职能部门，3个直属事业部，下辖17个支行。如何在银行内部充分发挥党组织的战斗堡垒作用，激发党建动能，将党建工作优势转化为转型发展的优势，为银行内部的经营管理提供坚强有力的组织保证，是当前江西金溪农商银行党建工作的核心问题。自2021年3月以来，江西金溪农商银行针对基层党组织支部“三会”吸引力不足、执行力不够、凝聚力不强、与业务融合不深等问题，紧密围绕全行高质量跨越式发展目标，“塑形”“聚神”“强力”，全方位激发了基层党建的新动能。

1. 全面“塑形”，确保支部“三会”开展频次有保证、内容有党性、人员有要求、场地有保障

频次有保证是指江西金溪农商银行要求各党支部每周召开一次支部大会，各党支部要如实记录每次支部“三会”的主题、内容、时间和讨论发言等内容，要让支部会议开展留痕迹；内容有党性是指江西金溪农商银行各党支部在开展党内集中学习时，将《中国共产党章程》、《习近平谈治国理政》第三卷、《论中国共产党历史》及党的基础知识等极具“党味”的课程作为主要内容，将这些“党味”学习内容做到融会贯通，坚决防止表面化、形式化、娱乐化、庸俗化倾向；人员有要求是指江西金溪农商银行对各党支部的参会人员做出具体要求，将参会人员扩大到党支部辖

内支行普通员工及挂点部室员工，领导班子也要发挥带头作用，以普通党员身份参与到支部“三会”中，发挥领导、检查、督促、指导作用；场地有保障是指江西金溪农商银行充分体现关心员工的意识，对辖内何源支行、双塘支行进行改造，对枫山支部及陆坊支部党员活动室进行搬迁，配好空调、桌椅等，为支部“三会”的开展、基层党组织的标准化、规范化、信息化建设提供良好环境。

2. 特色“聚神”，通过采取内训师做宣讲、记者团作总结、面对面做沟通三项途径，增强党支部建设质量

内训师做宣讲是指江西金溪农商银行为提高企业内部党员培训积极性与参与度，特地建立内训师宣讲制度，在每周的会议上安排2名内部培训讲师围绕当前省联社党委、抚州辖区党组及总行党委各项政策方针、发展难题、乡村振兴等重点工作进行“一周一专题”学习宣讲，有效防止支部“三会”内容与中心工作“两张皮”现象的发生；记者团做总结是指江西金溪农商银行各党支部的支部“三会”邀请记者成员积极参与并做好会议记录，拍摄照片、视频并做好存档，及时在工作群内进行宣传，营造良好的参会氛围，不断传播正能量；面对面做沟通是指江西金溪农商银行各党支部积极拓展开会形式，在支部会议上组织开展丰富多样的活动，如集体做游戏、开展谈心谈话、看一场电影、举办一场亲子活动等，通过开诚布公、敞开心扉的交流与沟通，既了解党员工作、生活当中的实际情况，掌握党员思想动态，也收集到了员工对支部工作、总行工作的意见和建议，使支部“三会”真正成为党员之间进行思想交流学习的良好平台。

3. 着重“强力”，提升支部“三会”的凝聚力、执行力和战斗力

提升凝聚力是指江西金溪农商银行通过支部“三会”的形式实现各党支部每周一聚，为员工提供聚集的场所和发声的平台，通过面对面谈话来谈体会、谈感悟、谈经验、谈亮点，在党支部辖内支行范围内营造出一种积极向上、快乐和谐、团结一致的氛围，全行上下齐心协力，共同把工作完成好、把党组织生活过好；提升执行力是指江西金溪农商银行充分发挥支部“三会”应有的作用，通过内训师制度的实行和记者成员的宣传督导，既把省联社、总行的政策方针在全行范围内最大化地、原汁原味地传达到位，又做到

带着问题来参会，收集意见回去反馈，确保上下一心、政令畅通，提升执行和落实效果；提升战斗力是指对于江西金溪农商银行各党支部来说，支部“三会”是一个便于全体党员实现自我展现、自我成长的平台与空间，各个党员的能力提升，也有助于促进党支部的战斗力提升。

案例二　安徽省淮南市寿县隐贤镇：创新支部“三会”提升党建实效

（来源：学习强国淮南学习平台2021年12月3日）

2021年以来，安徽省淮南市寿县隐贤镇以党史学习教育为契机，创新支部“三会”开展内容及开展形式，力促“三会一课”落细落小、落到实处，着力打造过硬的基层党建队伍，实现将党建工作成效向为群众办实事、促民生工作的转变。

隐贤镇打破支部“三会”开展的固有模式，在载体、形式、手段三方面创新，抓好抓实基层党建工作。运用互联网载体，通过电子远程教育站点、党员干部QQ群和微信群等平台联络党员，实时发布党的思想理论等相关内容，实现支部“三会”线上线下互联互动；创新会议开展形式，组织党员们实地考察、重温入党誓词、观看革命影片、参观红色教育基地，丰富党员们的党内组织生活；通过相邻党支部、先进党支部联合学的手段，交流会议开展心得，总结推广优秀经验，发挥党员的主体作用，共同推进基层党建工作实效。

隐贤镇结合党支部工作现状，以提升党员综合素质为第一目的，创新支部“三会”内容。一方面，结合党史学习教育、庆祝中国共产党成立100周年系列工作，将党性教育作为必修课，加强党员日常教育管理，将培养党员党性、突出政治理论教育、提升党员综合素质、发挥党员作用等相关内容列入支部“三会”的会议计划表当中，细化到每一次支部党员大会、支部委员会和党小组会的会议主题当中；另一方面，聚焦工作现状，提升基层党员的工作实用技能，将基层党建的重点工作内容列入支部“三会”计划表中，诸如巩固拓展脱贫攻坚成果、助推乡村振兴、产业发展、生产安全知识等内容，通过开展农村实用技术方面的个性化培训来提升党员的基层实践能力。

隐贤镇聚焦工作实效，以问题作导向，发挥支部

“三会”解决支部工作疑难杂症的作用，将重点问题和难点问题放到支部“三会”上进行讨论，促使支部“三会”更具实效。具体做法表现为：每月至少开展一次专题讨论，针对具体事项、具体问题、具体分析，找准问题切入点，讨论出问题解决方案；党支部书记要发挥带头作用，参与到党员的讨论当中去，将支部“三会”的开展内容与乡村振兴实际工作要点相结合，将支部“三会”的开展情况与党建述职评议考核相挂钩，引导党员及领导干部认真对待支部会议，认真参与支部实践活动，凝聚党建战斗力。

案例启示

“三会一课”是党的基层支部长期坚持的重要制度，提高支部“三会”开展质量，有助于激发党建新动能，拓展支部“三会”的内容与形式，能够为党建工作提供保障、注入活力。

1. 整改支部“三会”问题，激发党建新动能

支部“三会”对于加强党的基层组织建设具有十分重要的意义，不少基层党组织在开展支部“三会”

中存在种种问题，未能充分发挥其对基层党建的作用。因此，想要真正促进基层党组织建设，激发党建新动能，还要从整改支部“三会”问题抓起，既要通过硬性制度的确立与执行，对支部“三会”进行秩序约束，又要调动党员参与热情，齐心聚力发挥出支部“三会”的开展质效。

江西金溪农商银行在各基层支部采取了一系列措施，改进以往支部“三会”开展中存在的吸引力不足、凝聚力不强等问题，力图激发党建新动能。一是认真遵循支部“三会”会议制度，组织党员按时参加支部“三会”，在会议上学习“党味儿”课程，培养党性修养，达到团结党员、凝聚力量的目标；二是制定内训师做宣讲、记者团做总结、面对面做沟通三项制度，加强党员教育管理，拓展会议形式，提高会议质量；三是着重凝心聚力，每周一聚、每次一议，组织党员们敞开心扉做交流，在党支部上下营造良好氛围，确保大家心往一处想、智往一处谋、劲往一处使，形成巨大的行动合力。

2. 拓展支部“三会”内容与形式，释放党建活力

为提升党建工作成效，安徽省淮南市寿县隐贤镇一方面结合基层工作实际，拓展支部“三会”内容，

将基层党建的重点工作内容列入支部“三会”计划表中，组织党员参与到基层建设的讨论与实践中来；另一方面线上线下互联互动，借助互联网搭建党建平台，促进支部“三会”等党建工作相关信息实时化、透明化，同时，联手相邻的、先进的党支部举办交流活动，将党员们联系起来，营造出人人参与、比学赶超、积极向上的党建文化氛围。

从安徽省淮南市寿县隐贤镇的经验不难看出，想要通过支部“三会”落实党建工作，释放党建活力与动能，还要从支部会议内容和形式这两个常规着力点上找突破。一是拓展支部“三会”内容，要将党建工作相关内容列入支部“三会”当中，让全体党员参与到党建工作当中；二是创新支部“三会”形式，要跳出常规思维，可以为党员们搭建一个学习交流的平台，可以联合其他党支部交流经验，营造良好氛围，也可以开展举办一些创造性的特色活动，在实践活动当中激发党建活力。

第二节 抓细抓实，将党建与业务相结合

在中央和国家机关党的建设工作会议上，习近平总书记指出，要“推动党建和业务深度融合”。党建工作与业务工作正如鸟之两翼、车之双轮，二者是互为动力、相辅相成的，党建工作能够为业务工作提供动力，业务工作也能反过来促进党建工作的发展，不能出现党建工作与业务工作相脱离的“两张皮”现象。基层党组织要促进党建工作与业务工作相结合，充分发挥党建的牵引作用，使各项业务工作在党建的引领之下实现高质量发展。支部“三会”在开展过程中需要秉持着党建与业务相结合的原则，激发党建新动能，推动工作新进展，构建出党支部新的发展格局。

案例一 重庆市铁路集团：发扬国企党建与业务相融合的传统

（来源：学习强国重庆党建2020年9月24日）

国有企业是中国特色社会主义的重要物质基础和政治基础，影响着国民经济的发展速度与发展水平，

也是党执政兴国的重要支撑力量。坚持党对国有企业的领导，加强国有企业党建，是我国国有企业的光荣传统和独特优势。2016年10月10日，习近平总书记在全国国有企业党的建设工作会议上发表的重要讲话，既是新形势下加强国有企业党的建设的根本遵循，也是引领国有企业做强做优做大的科学指南。新时代背景下想要做好国有企业的党建工作，需要继续坚持党对国有企业的领导，同时也要把握好时代特性，结合现代国有企业业务工作的实际情况开展党建工作。既要有开放性的思维，又要以制度化、常态化、具体化的有力举措推进国有企业的党建与业务工作相结合。

2013年12月，重庆市铁路集团经重庆市政府批准，由重庆城市交通开发投资（集团）有限公司出资组建，成立市属国有骨干子企业，是专门从事重庆市地方铁路交通运输项目投融资、开发、建设和运营管理的国有企业集团。坚持党的领导，抓好党建工作是企业发展的关键，如何做好党建与业务融合发展是企业的工作重点和工作难点。重庆市铁路集团创造性地以“党建+红色”模式统领全局，挖掘好、利用好、发挥好红色文化，确保国有企业党建工作不“跑偏”，确保支部“三会”有内涵，确保业务工作有进步，实现基层党建与业务工作“两促进”。

中国共产党成立至今，带领着中国人民走过一路风风雨雨，创造了光辉的历史。中国铁路在这100年的时间里蓬勃发展，创造辉煌，从第一次自主设计铁路，到连接青藏高原的青藏铁路的建成与投入使用，再到如今铁路运营里程及高速铁路运营里程高居世界第一。中国铁路的发展史毋庸置疑是中国铁路工人脚踏实地，一步一个脚印拼搏出来的，但这其中也离不开中国共产党的坚强领导。重庆市铁路集团党委充分认识到“企业姓党，队伍姓铁”，听党话、跟党走，是中国铁路企业最根本的“底色”，想要做好新时代的党建和业务工作，立足于铁路发展的历史、讲好红色“家史”是必不可少的。

为此，重庆市铁路集团党委一方面借助红色基因，在回顾历史当中促进党建与业务相融合，在挖掘历史故事的基础之上建构以“三创四铁”精神为核心的企业文化体系，通过在支部“三会”上读历史、听故事、学榜样，为党员们灌输不一样的会议理念，坚定党员对企业文化的认同和与企业同舟共济的信心，从而更加积极地投身到铁路建设当中去；另一方面，改变了以“读”为主、以“会”代学的会议开展和党员教育方式，放开手脚过组织生活，从创业史及基层事迹中挑选经典案例，在支部“三会”上进行分享，由专家讲、书记讲变为党员自己来讲，让党员在理论学习当中弄清楚自己为何而学，进而积极学、主动学，既从根源上遏止党支部漏会、缺会现象，又在学习经典案例的过程中提升党员思想觉悟，推动党员更好地投入到企业建设当中去。

对于企业来说，按期开展支部“三会”，挖掘和拓展支部“三会”的内在功能，能够提升党员在参与党组织生活中的实际获得感。但对于重庆市铁路集团来说，工作人员分布区域较为广泛，聚集难度大，经常出现党支部会议开展人数不齐、质量不佳的问题。为解决这种现状，重庆市铁路集团党组织不断创新支部“三会”开展模式，将企业工作实际列入会议内容，拓展党员教育形式，提高党员参与感。在企业实践上寻求突破，聚焦企业建设重点、经营目标，在会议上比对项目、交流经验，共创“党建+铁路示范线”；延伸党员教育主体，由“关键少数”延伸至“全体党员”，创新利用征文、表演等形式传承铁路精神和企业文化；邀请先进个人在支部会议上分享工作经验，从身边人熟悉事上吸收榜样力量；举办“我为企业献箴言”金点子征集等主题实践活动，让“党建+企业”的发展模式有干货、有内涵。

站在“两个一百年”奋斗目标的历史交汇点上，重庆市铁路集团党委将按照习近平总书记对党内政治生活提出的“坚持、加强、创新”的要求，弘扬铁路精神，彰显国有企业底色，将坚持党的领导与企业发展有效结合，为企业发展提供源源不断的动力，让支部“三会”更接地气，更聚人心，让党的旗帜在交通强国发展征程上高高飘扬。

案例二 国家知识产权局专利局办公室党总支：画好党建与业务的“同心圆”

（来源：共产党员网2021年10月18日）

党的十八大以来，习近平总书记就机关党的建设做出一系列重要论述，深刻指出，“只有围绕中心、建设队伍、服务群众，推动党建和业务深度融合，机关党建工作才能找准定位”，“处理好党建和业务的关系。解决‘两张皮’问题，关键是找准结合点，推动机关党建和业务工作相互促进。各部门党组（党委）

要围绕中心抓党建、抓好党建促业务，坚持党建工作和业务工作一起谋划、一起部署、一起落实、一起检查，使各项举措在部署上相互配合、在实施中相互促进”。这些重要论述，科学地回答了“机关党建工作做什么”及“如何认识和处理党建与业务的关系”两大问题，揭示了机关党建工作发挥作用的着力点、关键点，指明了新时代机关党建工作的基本方向和根本任务，为机关党建与业务工作深度融合提供了科学指南。

国家知识产权局专利局办公室（以下简称“专利办”）承担着制订工作计划、管理财务支出、承担相关政府采购、处理后勤事务等多项繁杂的工作。专利办党总支构建起了党建工作与业务工作相融合的“同心圆”，2021年获评中央和国家机关、国家知识产权局先进基层党组织。

找准党建与业务的结合点，是实现党建与业务相融合的关键所在。党建工作指的是对全体党员个人所进行的教育、管理等工作，业务工作是指个人本身所做的事务。党员个人就是联系点所在，党建工作和业务工作通过党员个人实现连接，二者相互依托、相互促进，想要做好业务工作，离不开党建工作的维系。

疫情期间，国家知识产权局的报销窗口、初审流程窗口、前台等工作岗位需要接触大量外来人员，其他岗位也需要大量消毒防护物资，但是当时的医疗物资十分紧缺，配送业务已经全面停摆，这意味着他们要自己运送所有防疫物资。在这种形势下，专利办的党员们开展支部会议，组织志愿者迅速组成临时采购小组，发挥党员模范带头作用挺身而出，在复工前采购到所有的防疫物资。

《中国共产党支部工作条例（试行）》第三章第十条规定："各级党和国家机关中的党支部，围绕服务中心、建设队伍开展工作，发挥对党员的教育、管理、监督作用，协助本部门行政负责人完成任务、改进工作。"2019年年底，专利办开展专利业务用房项目，专利办主任带队进行了十几次调研，召开3次通气会，与各个部门进行座谈交流，开展多次支部会议，与党支部党员进行深度沟通，为解决搬迁过程中的实际问题做努力，确保安全、绿色、和谐、顺利地完成"搬家"工作。从2019年11月29日至2020年1月5日，历时36天，专利办的党员们发挥先锋模范作用，为不影响审查员正常办公而深夜加工，通宵转移办公位置，比原计划业务用房搬迁工作时间整整缩短了1个月，圆满完成了本部门工作。

案例启示

支部“三会”作为基层党组织建设的重要保障，在开展过程中需要运行“党建+业务”的工作模式，将围绕中心工作、建设党员队伍、服务群众作为核心任务，在党建工作当中提高党员队伍的业务能力，在业务工作中不断发展党建、检验党建工作成效。

1. 党建工作和业务工作是相互依托、相互促进的

习近平总书记在中央和国家机关党的建设工作会议上的讲话中提出：“坚持党建工作和业务工作一起谋划、一起部署、一起落实、一起检查。”重庆市铁路集团党组织践行党建与业务工作相融合的方针，以提升党员工作能力、拓宽党员业务视野为目标，将企业工作重点内容纳入支部“三会”当中，通过集团内部不同党支部的交流和讨论分享工作经验，共同举办主题活动，既发挥了支部“三会”的党建作用，又在实践活动当中激发了党员的工作动力，促进党员更富

热情地投入工作当中。

基层党组织要将业务工作融入支部“三会”的谋划、部署、落实和检查环节当中，实现党建工作与业务工作的相互依托、相互促进。在会议谋划环节，要将业务工作纳入会议布局当中，运用党的工作路线和方法来推进业务工作；在会议部署环节，要通过多样的形式和途径来激发党员的业务工作热情；在会议落实阶段，要压实责任，充分发挥党员的模范带头作用和党组织的战斗堡垒作用，既要抓好党建工作，也要解决好业务工作当中的重点、难点问题；在检查阶段，要将党建工作成效和业务工作成绩均纳入检查评价体系当中。

2. 找准党建工作与业务工作的结合点

实现党建工作与业务工作的有效结合，需要找准党建工作与业务工作深度融合的结合点。在开展支部“三会”时，要找出党建工作与业务工作之间的一致性，以提升党员个人综合素质作为关键点和着力点，将党建工作与业务工作串联起来，更要不断创新支部会议开展内容和形式，吸引党员参与，激发党员热情，从而圆满完成各项工作任务。

国家知识产权局专利局办公室党总支结合当下工

作实际，发掘党员个人这一党建与业务的结合点，注重提升党员党性修养，增强党员工作、业务能力，在疫情期间迅速组建志愿队，顺利完成物资采购工作，在开展专利业务用房项目当中充分发挥党员的先锋模范作用，有组织、有秩序、高效率地完成了业务用房搬迁工作，实现了党建工作与业务工作的有效融合。

第三节　办好实事，发挥党支部战斗堡垒作用

党的基层组织是确保党的路线方针政策和决策部署贯彻落实的基础，需要在基层实践当中联系群众、为民服务。支部“三会”要想开展好，要点不仅仅在于会上的表现，更在于会后的落实与总结，相关监督考察工作也要实现从资料评价向成果效能评价的转化。要将支部“三会”的开展落到实处，抓好关键事务，办好实事，解决好群众心系的事务，发挥党支部战斗堡垒作用，稳固党的执政根基，加强党的执政能

力建设。

案例 湖北省武汉市蔡甸区侏儒山街国光村：“乡村美容”决议，条条用在急难愁盼事

（来源：《长江日报》2022年1月5日）

2019年4月17日，武汉市第十四届人民代表大会常务委员会第二十一次会议通过的《武汉市实施〈中华人民共和国环境保护法〉办法》，已于2019年5月29日由湖北省第十三届人民代表大会常务委员会第九次会议批准，并自2019年9月1日起施行。2021年9月，武汉市环保部门为了推进农村环境综合整治工作，给全市每个村都下拨20万元的改造资金，位于蔡甸区侏儒山街的国光村正是其中的一个。

国光村位于武汉西边，属于武汉最西边的村子，紧挨着仙桃、汉川，于2017年正式摘掉了贫困村的“帽子”，但是经济起来了，环境问题依旧是发展的“短板”，河道污水多，道路坑洼不平，荒草丛生，路上随意堆放着垃圾、杂物，环境治理还有很长的一段路要走。国光村的党支部书记深知此次武汉市环保部门下拨改造资金是一次良好的契机，乡村的发展更是

离不开良好环境的建设，于是决定抓住这次机会，为乡村建设做出贡献。

2021年9月至2021年12月，国光村召开了多次支部会议和村民代表大会，召集党员和群众围桌而坐，热烈讨论当前村子里存在的问题以及这20万元改造资金究竟该如何使用。除召开会议以外，国光村党支部书记还发动党员代表，在微信群等各个信息渠道当中收集民生意见，并走街串巷，全面排查村子情况，走访调查，找出需要维修和整改的问题。在收集完问题以后，通过召开会议，针对当前存在问题进行讨论，并列出轻重缓急，讨论得出应该优先解决什么，随后处理什么。改造方案确定之后，还在村宣传栏对初步资金预算清单进行公示，接受群众监督。

到2021年12月的时候，国光村的环境已发生巨大改善。坏了的太阳能路灯重新亮了起来，村民们的夜路好走了。村湾道路的杂草、垃圾、漂浮物全都不见了，变得干净整洁。公共厕所齐刷刷地配置了蓄水水箱，干净又卫生，住在公厕周边的村民敢开窗通风了……这些村民急难愁盼的问题，被村党支部看在眼里，记在心里，一步步解决了。现如今，村里环境越来越好，家乡变化越来越大，也有越来越多的外出村民愿意回来投入家乡建设当中。

翻看国光村的支部会议记录本不难发现，村湾道路维修、乡村田间道路硬化、国企联村推进鱼菜共生项目、旱厕拆除及补建公厕选址……每一项乡村改造的重要事项，从前期收集问题，到中期讨论商议，再到后期决策公开，每个过程都被清清楚楚记录下来，每一步都能看到村党支部在其中所做的努力。国光村党支部看到村民生活当中的痛点、难点问题后，能够静下心来邀请党员和群众商议表决，不是仅在会议上高谈阔论，而是真正一桩桩、一件件着手去改进，切切实实在为村民解决实际问题，在实践当中锻炼党员业务能力，不断推动美丽乡村的建设。

案例启示

支部“三会”要抓好基层实践和联系群众这两个发力点，办好实事，久久为功，全面提升基层党组织能力，充分发挥党支部战斗堡垒作用。

1. 在基层实践当中促提升

加强对党员的教育和管理是基层党组织的职责与

任务所在，但这一项重点工作不仅可以通过会议的学习和讨论过程来实现，同样也可以通过会后的决议落实、基层实践参与来实现。基层的工作最复杂、最锻炼党员，也最富有价值，支部“三会”可以多拓展形式，多抓会后落实，结合基层的工作现状，引导党员在会后参与到基层实践当中，不断提升个人素质和能力。

2. 为群众办好实事是关键

2018年1月11日，习近平总书记在中共十九届中央纪委二次全会上的讲话中提出：“要坚持工作重心下移，扑下身子深入群众，面对面、心贴心、实打实做好群众工作，着力解决群众反映强烈的突出问题。办事情都要把群众利益放在第一位，凡是群众反映强烈的问题都要严肃认真对待，凡是侵害群众利益的行为都要坚决纠正，永远赢得人民群众信任和拥护。”支部“三会”要真正扑下身子深入群众，引导党员为群众办实事，让群众实实在在获得幸福感和满足感，让广大党员在为群众服务的过程中不忘初心、牢记使命，进而增强基层党组织的凝聚力和战斗力。

湖北省武汉市蔡甸区侏儒山街国光村党支部通过实地考察、调访民情、会议讨论等方式全面排查全村的环境问题，认真了解现状并讨论落实整改计划，河道的垃圾、坏了的太阳能灯、久未修缮的公共厕所……这些群众期盼解决的问题一件件被落实，展现了基层党支部为群众办实事的决心与成果。

小　结

党的基层组织是党在社会基层组织中的战斗堡垒，是党的全部工作和战斗力的基础。加强党的建设，基础在基层，重点在支部。支部“三会”是基层党组织工作的重要部分，基层党组织可以通过提高支部“三会”的质量落实党建工作，提高党建质量，推动支部“三会”效能化。

本章从不同角度选取挖掘了基层党组织开展支部“三会”、落实党建工作的5个具体案例。江西金溪农商银行针对基层党组织支部“三会”存在的问题进行全面整改，既提升了支部“三会”的凝聚力和吸引力，又全方位激发了党建新动能；安徽省淮南市寿县隐贤镇结合基层工作实际拓展支部“三会”内容、创新支部“三会”形式，进一步释放党建活力与动能；重庆市铁路集团党组织采用“党建+红色家史”的模式讲好铁路故事，举办“金点子”征集等活动让党员们贡献自己的智慧和力量，创新“党建+业务发展”模式，为党支部建设和企业发展提供源源不断的动力；国家知识产权局专利局办公室党总支找准党建工作与业务工作的结合点，通过党员个人能力提升形成连接点，在疫情期间采购防疫物资、专利业务用房项目等工作中，充分发挥党员的模范带头作用；湖北省武汉市蔡甸区侏儒山街国光村党支部深入基层一线，聚焦群众关注，解决群众难题，展现了党员的责任与担当。

综合以上案例不难发现，想要开好支部“三会”，推动落实党建工作，需要做到：一是整改当前支部“三会”当中存在的问题，拓展支部“三会”开展内容与形式，为党建工作提供保障、激发动能；二是秉持党建与业务相结合的原则，将党建工作和业务工作一起纳入支部“三会”的计划表中，实现党建工作和业务工作的双赢；三是牢记并践行全心全意为人民服务的根本宗旨，倾听群众的声音，办好实事，发挥党支部战斗堡垒作用。

结论

治国安邦，重在基层；管党兴党，重在基础。习近平总书记在中共中央政治局第二十一次集体学习时强调，基层党组织是贯彻落实党中央决策部署的“最后一公里”，要坚持大抓基层的鲜明导向，抓紧补齐基层党组织领导基层治理的各种短板，把各领域基层党组织建设成为实现党的领导的坚强战斗堡垒，充分发挥广大党员在改革发展稳定中的先锋模范作用。

作为“三会一课”制度的组成部分，支部“三会”，即定期召开支部党员大会、支部委员会和党小组会，可以实现党组织、党员和群众之间的有效衔接，既能最快地将党的思想、主张、政策传达给每一位党员、落实到基层，又能迅速地反映广大群众的意愿与诉求，是推进基层党组织建设、加强党员教育管理、联系服务群众的基本形式和重要途径。

本书聚焦支部“三会”开展，围绕会前、会中、会后三个过程，从规范会议程序、优化党员队伍、开展专题教育、民主评议党员、借鉴成功经验、创新会议形式、总结会议记录和落实党建工作 8 个方面，搜集不同基层党支部的具体案例，并分析其特色举措，以期为开好支部“三会”提供思路借鉴和实践启示。

在支部“三会”开展之前，应该做好多方面的准备工作，规范会议程序，严规矩、定标准、保质量，织密支部“三会”纪律“网”。山西省天镇县多措并举规范党支部会议，是在为支部“三会”的常态化开展作保障，确保全体党员参与支部“三会”；云南省彝良县通过不同的工作方法对支部“三会”进行整顿和规范，实质在于确保支部“三会”的程序正当；江苏省苏州市双塔街道通过完善考评制度，提高党员对于支部“三会”的重视程度，抵制会议娱乐化、庸俗化倾向，保证支部“三会”的开展质量。

习近平总书记在中国共产党第十九次全国代表大会上指出，党支部要担负好直接教育党员、管理党员、监督党员和组织群众、宣传群众、凝聚群众、服务群众的职责，引导党员发挥先锋模范作用。支部“三会”在开展过程中，首先要在会议内容方面进行完善与改进，做好优化党员队伍、开展专题教育及民主评议党员的工作。在优化党员队伍方面，山西省长治市和灵石县严格按照党章党规，通过多样举措规范换届选举工作，肃清了党内换届选举的风气；内蒙古霍林郭勒市严把入党流程关、教育关和考察关，发展新党员，吸收新鲜血液，不断壮大党组织力量。在开展专题教育方面，要结合党和国家中心工作和本单位实际工作，准确把握重点学习内容，加强对党的基本理论知识、党中央决策部署的专题学习，加强党史学习教育，激发党员学习积极性、主动性，让党员学有所成、学有所获。在进行民主评议党员工作时，既要引导党员大胆进行批评与自我批评，也要敢于接受群众监督，及时给予群众反馈，更要定期对党员工作进行评价总结，给予表彰或处分。

支部“三会”除了在内容方面做好工作外，还要在形式方面进行改进，不断借鉴成功经验，创新会议形式，提升吸引力与实效性。一方面，要借鉴专题组织生活会、主题党日活动和“四议两公开”工作法的成功经验。中国电信云南公司各级党支部的专题组织生活会利用抓好关键环节的工作法则，通过重点环节串联起会议内容；青海省海北州门源县基层党支部在组织主题党日活动时，将严肃性与趣味性相结合，拓展多样活动；河南省南阳市新野县汉城街道灵活运用

“四议两公开”工作法，走到群众身边处理事务，实行过程公开、决议公开和实施结果公开，这些工作方式及工作法则为支部“三会”开展提供参考和启示。另一方面，要在会议形式方面进行创新，既要在理念上做出转变，打破关于会议的陈旧观念，又要创新会议手段，积极采用先进技术搭建互联网平台，还要创新会议模式，通过打造线上党支部等方式调动党员积极性。

习近平总书记于2019年9月17日在河南考察时表示，“党的政策再好，也靠大家去落实。要把基层党组织建设成为坚强战斗堡垒，把党中央提出的重大任务转化为基层的具体工作，抓牢、抓实、抓出成效。”开展支部“三会”要注重会后落实，通过总结会议记录延伸会议价值，做好党建工作推动会议效能化。在会议记录方面，要勤总结，挖掘记录背后的价值；常反思，避免会议记录形式主义；善创新，借助新技术令会议记录多样化。在落实党建工作方面，基层党组织要着力解决好支部“三会”吸引力不足、执行力不够、凝聚力不强、与业务融合不深等问题，拓展支部“三会”开展内容及形式，激发党建新动能，要采纳“党建+业务”的工作模式，实现党建工作和业务工作的双赢，要在基层实践和为群众办实事中促进党员发展，提升基层党组织的战斗力。

总之，支部“三会”对于健全党员组织生活、加强党员教育管理、提高基层党组织战斗力具有重要意义。各基层党支部需要在实践当中把握好支部“三会”的核心要义，结合工作要点，突出重点内容，创新会议载体，完善考评体系，注重会后落实，从多方面着力，切实提升支部“三会”的开展质效。

后　记

本书是为了探索开展支部“三会”的多样性，增强支部“三会”的现实活力，提高支部“三会”的开展实效而编写的。全书围绕会前、会中、会后的工作流程，设计八个专题，选取各行业、各地区基层党组织开展支部“三会”的现实案例，并对其值得借鉴的部分进行分析总结。

本书是集体创作的成果。编写者主要为山西大学新闻学院师生。庞慧敏教授和常媛媛老师总体设计了全书框架，组织了案例收集、初稿创作工作，并对全书进行了修改。研究生许晓云参与了案例搜集和写作工作。本书的出版得到山西教育出版社的支持，编辑为本书修改校对付出了大量劳动。在即将出版之际，再一次感谢编写团队的辛勤付出。

在编写过程中，编写组通过多种渠道查阅了大量有关支部“三会”的文件、理论成果和公开报道材料，挖掘了不少基层党组织开展支部“三会”的优秀工作经验，以期能够更加明确开展支部“三会”的理论遵循、制度规范和创新模式。但由于水平有限，本书疏漏不足之处在所难免，在这里悉心恳请各位专家、读者批评指正。

我们期望能够通过本书的出版，为广大基层党组织扎实、高效开展支部“三会”提供实际可借鉴、可操作的方案，让支部“三会”焕发新的活力，以真正达到健全党员组织生活、加强党员教育管理、提高基层党组织战斗力的目的。